MARCO POLO

Südafrika

Reisen mit Insider Tipps

Diesen Führer schrieb Dagmar Schumacher. Die freie Journalistin arbeitet seit zwölf Jahren in Südafrika. Mit ihrer Familie lebt sie auf einer Weinfarm in Villiersdorp.

www.marcopolo.de

Infos zu den beliebtesten Reisezielen im Internet, siehe auch Seite 104

MAIRS GEOGRAPHISCHER VERLAG

SYMBOLE

Insider Tipp **Marco Polo Insider-Tipps:**
Von unserer Autorin für Sie entdeckt

★ **Marco Polo Highlights:**
Alles, was Sie in Südafrika kennen sollten

Hier haben Sie eine schöne Aussicht

Wo Sie junge Leute treffen

PREISKATEGORIEN

Hotels

€€€	über 100 Euro
€€	80–100 Euro
€	unter 80 Euro

Die Preise gelten für zwei Personen im Doppelzimmer mit Frühstück pro Nacht.

Restaurants

€€€	über 15 Euro
€€	10–15 Euro
€	unter 10 Euro

Die Preise gelten für ein Essen mit Vor-, Haupt- und Nachspeise.

KARTEN

[114 A1] Seitenzahlen und Koordinaten für den Reiseatlas Südafrika und die Karte Johannesburg

[U A1] Koordinaten für die Karte Kapstadt im hinteren Umschlag

[0] außerhalb des Kartenausschnitts

Zu Ihrer Orientierung sind auch die Orte mit Koordinaten versehen, die nicht im Reiseatlas eingetragen sind.

GUT ZU WISSEN

Inhalt

Die wichtigsten MARCO POLO Highlights

Sehenswürdigkeiten, Orte und Erlebnisse, die Sie nicht verpassen sollten

1 **Kgalagadi Transfrontier Park**
Das Reservat ist eines der wenigen intakten Ökosysteme in Afrika und ohne Grenze mit dem Gemsbock Park in Botswana vereint (Seite 36)

2 **Plettenberg Bay**
Der Besuch ist ein Muss. »Plett« gilt als der schickste Ferienort des Landes (Seite 38)

3 **Kirstenbosch Botanischer Garten**
Ein Blumenkönigreich am Kap, am Wochenende oft mit Openairkonzerten (Seite 47)

4 **Tafelberg**
Oben haben Sie einen hinreißenden Blick fast über die ganze Kaphalbinsel (Seite 48)

5 **Kap der Guten Hoffnung**
Eine Zahnradbahn bringt Sie nach oben. Nur die letzten Stufen geht es zu Fuß auf das Plateau mit Blick auf den Ozean (Seite 52)

6 **Kap Agulhas**
Hier stehen Sie am südlichsten Zipfel des afrikanischen Kontinents (Seite 53)

7 **KWV**
Eine unglaubliche Vielfalt an Weinen und Bränden in Paarl (Seite 57)

Blick vom Tafelberg

Strandleben in Plettenberg Bay

Basotho-Frauen in Lesotho

8 Stellenbosch
Besonders schönes Städtchen an der Wine Route (Seite 58)

9 Golden Gate Highlands National Park
Ein Reservat von dramatischer Schönheit in unvergesslichen Farben (Seite 64)

10 Lesotho
Unabhängiges kleines Königreich hoch in den Bergen in einer herrlichen Landschaft (Seite 65)

11 Victoria Street Market
Ein exotischer Mix aus indischen und afrikanischen Waren in Durban (Seite 70)

12 Umhlanga Rocks
Kleiner, ruhiger Badeort in der Nähe von Durban mit Hotels direkt am weiten Strand (Seite 72)

13 Valley of the Thousand Hills
Eine besondere Welt mit großartigen Ausblicken. Wenn Sie Glück haben, hören Sie die Rufe der Zulus (Seite 72)

14 Sun City und Lost City
In künstlicher Landschaft mischen sich Kitsch und Vergnügen – nicht ohne Charme (Seite 80)

15 Kruger National Park
Wildlife pur in einem riesigen Areal, in dem neben den Big Five eine Vielzahl von Tieren lebt (Seite 83)

★ Die Highlights sind in der Karte auf dem hinteren Umschlag eingetragen

Entdecken Sie Südafrika!

Ein Land der Kontraste mit pulsierenden Städten, blühenden Regionen, Steppen und Stränden

Südafrika ist ein Reiseland, das jedem Besucher etwas bietet: glitzernde Metropolen und einsame Zulukraals, Wüste und subtropische Wälder, karge Steppen und Gebirge so hoch wie die Alpen mit atemberaubenden Wasserfällen. Sie können in Luxuszügen oder auf dem Motorrad durch das Land reisen, am besten aber doch mit einem Auto über die sehr guten Straßen. Die Küste erstreckt sich über 3000 km entlang des Atlantiks und des Indischen Ozeans. Erlesene Weine werden Ihnen in Weingütern mit zum Teil alter Tradition in einer Landschaft wie aus dem Bilderbuch angeboten.

In den Wild- und Naturparks gibt es eine unglaubliche Artenvielfalt und besonders der Besuch des Kruger National Parks (knapp sechs Autostunden von Johannesburg entfernt) ist unvergesslich. Er gehört zu den größten Wildschutzgebieten der Welt. Ein Teil seines Areals liegt in Mpumalanga und der andere in der Provinz Limpopo. Ende 2001 wurden die Grenzen zwischen dem Kruger Park und den Parks Gaza, Banhine und Zinave in Mozambique niedergerissen, um den *Great Limpopo Transfrontier Peace Park* zu bilden. Später sollen auch die Naturschutzgebiete in Simbabwe dazukommen. Doch erst muss eine Lösung für die politischen Probleme in dem Land gefunden werden.

Überwältigend schön: der Blick auf den Tafelberg

Strandhütten in Kapstadt

Das sonnige, aber gemäßigte Klima macht den Südzipfel Afrikas das ganze Jahr über zu einem idealen Reiseland. Für Besucher aus der nördlichen Hemisphäre sind die Monate Oktober bis April besonders verlockend, denn wenn dort die Tage kürzer werden, Schnee, Kälte und Dunkelheit die Stimmung dämpfen, beginnt im Süden Afrikas der Sommer.

Das Land ist riesig. Allein zwischen Johannesburg und Kapstadt beträgt die Entfernung rund 1600 km. Dazwischen liegt die In-

Geschichtstabelle

1488 Bartolomëu Diaz umsegelt das Kap der Guten Hoffnung

1652 Erste weiße Siedler unter Jan van Riebeeck gründen eine Versorgungsstation am Kap

1658 Ankunft von asiatischen und afrikanischen Sklaven

1688 Ankunft der Hugenotten

1779 Erster »Kaffernkrieg«

1795 Englische Besetzung des Kaps

1814 Burenrebellion gegen die britische Verwaltung

1815 Shaka wird König der Zulus

1828 Freie Farbige erhalten gleiche Rechte wie Weiße

1834 Aufhebung der Sklaverei

1835 Die Buren beginnen den großen Treck nach Norden

1838 Schlacht zwischen Buren und Zulus am Blutfluss

1859 Ankunft von indischen Arbeitern in Natal

1867 Der erste Diamantenfund

1886 Gründung Johannesburgs

1902 Ende des Zweiten »Freiheitskriegs« der Buren

1910 Zusammenschluss der britischen Kolonien und der Burenrepubliken zur Südafrikanischen Union

1948 Beginn der offiziellen Apartheid

1960 Widerstand gegen die Passgesetze, 60 Tote in Sharpeville

1961 Commonwealth-Austritt

1976 Schülerunruhen in Soweto

1983 Schwerster Bombenanschlag des ANC, 20 Tote, 200 Verletzte

1986 Ausruf des allgemeinen Ausnahmezustands. Lockerung der Apartheid durch Einführung der Freizügigkeit für Schwarze

1990 Nelson Mandela kommt frei

1994 Erste freie, demokratische Wahlen. Mandela wird Präsident

1999 Bei den zweiten freien Wahlen gewinnt der ANC überlegen. Thabo Mbeki wird der Nachfolger von Nelson Mandela

2001 Die südafrikanische Wahrheits- und Versöhnungskommission stellt ihren Bericht vor. Die Untersuchungen der Verbrechen gegen die Menschlichkeit im Zeichen der Apartheid erbrachten 20 000 Namen von Opfern. Geständige Täter konnten die Kommission um Amnestie bitten

Im Frühling prägen Meere von Wildblumen weite Teile des Landes

landssteppe Karoo. Auf der Fahrt kommen Sie an riesigen Schafsfarmen vorbei. Immer mehr Landwirte öffnen ihre Häuser für Touristen. Es ist ein Erlebnis, bei den überwiegend burischen Farmerfamilien mit ihrer sprichwörtlichen Gastfreundschaft zu übernachten. An der Strecke liegt Kimberley, wo in der zweiten Hälfte des 19. Jhs. der größte Diamantenrausch aller Zeiten stattfand.

Wer nach der langen Fahrt von Johannesburg auf der Höhe der letzten Bergkette steht, die das Kap gewissermaßen vom Landesinnern abschirmt, muss glauben, den Garten Eden erreicht zu haben: So weit das Auge reicht, erstrecken sich Wein- und Obstanbaugebiete sowie Getreidefelder, die im Winter sattgrün leuchten. In der Ferne am Meer liegt Kapstadt. Klar erkennbar sein Wahrzeichen, der Tafelberg.

» *Unberührte Natur im Landesinnern* «

Wenn Sie von Kapstadt an die Atlantikküste fahren, können Sie vieles erwarten, aber kein Bad im warmen Meer. Selbst an heißesten Tagen ist das Wasser selten wärmer als 17 Grad. Dafür ist die Natur unberührt, besonders im Landesinnern, dem Namaqualand, das sich im Frühling (August bis Oktober) in ein riesiges Meer aus blühenden Wildblumen verwandelt. Zum Badeurlaub fahren Sie am besten an den Indischen Ozean. Je weiter Sie von Kapstadt gen Norden kommen, umso wärmer wird das Wasser. Den ersten Teil der Strecke bildet die berühmte *Garden Route* mit so hübschen Orten wie Knysna und Plettenberg Bay.

Weiter führt der Weg, immer entlang der vorzüglich ausgebauten N 2, nach Port Elizabeth an der Algoa Bucht. Nördlich im Landesinneren liegt die Universitätsstadt

Grahamstown. In der Umgebung zeugen viele Denkmäler und Schlachtfelder von den blutigen Kämpfen, die hier zwischen den englischen Truppen und den Xhosa-Stämmen stattgefunden haben.

Durban, die Metropole von KwaZulu-Natal, ist eine große Küstenstadt und ein beliebter Ferienort mit tropischem Klima. Südafrikanische Inder, die etwa die Hälfte der Stadtbevölkerung ausmachen, prägen das Straßenbild. Vom Trubel nicht allzu weit entfernt liegen das Tal der Tausend Hügel in wahrhaft ergreifender Schönheit und die Drakensberge mit dem höchsten Berg Mont aux Sources (3299 m). Ein grandioses Panorama erwartet Sie im Royal National Park.

Im Kontrast zu dem immergrünen, vom Regen verwöhnten Kwa Zulu-Natal steht der Freistaat. Hier – wie auch in den Nordprovinzen – regnet es nur im Sommer, dann sieht das Land saftig grün aus. Im Winter wirkt es ziemlich trostlos: braun, trocken und staubig. Allerdings ist eben dann auch der afrikanische Eindruck am stärksten. Tagsüber scheint die Sonne vom makellos blauen Himmel, abends können die Temperaturen um bis zu 20 Grad sinken – in Gefrierpunktnähe oder sogar darunter. Das Landesinnere Südafrikas liegt durchweg zwischen 1500 und 2000 m über dem Meeresspiegel.

»In Kapstadt hat alles begonnen«

Die größten Städte Pretoria und Johannesburg werden wohl eines Tages zusammenwachsen, aber sie könnten nicht unterschiedlicher sein. Johannesburg ist die glitzernde und schnelle Finanzmetropole, Pretoria ruhig und beschaulich, eine Beamtenstadt. Wie in allen Städten und Dörfern erinnern die Townships, Slums am Rande der reichen (früher nur weißen) Wohngebiete, an die Jahrzehnte der Apartheid. Viele der Hütten haben seit 1994 Wasser und Strom bekommen, und so gibt es hinter den schäbigen Fassaden oft einen Fernseher und eine Waschmaschine. Außerdem baut die Regierung jedes Jahr Tausende neuer Häuser, aber es dauert einfach, bis die Folgen des Unrechtssystems geheilt sind.

In Kapstadt, das die Südafrikaner liebevoll *Mothercity* (Mutterstadt) nennen, hat die eurpäische Besiedlung begonnen: Als der portugiesische Seefahrer Bartolomëu Diaz Ende des 15. Jhs. ans »Kap der Stürme« kam, lebten hier Hottentotten und Buschmänner, die heute politisch korrekt Khoisan-Völker genannt werden. Die ersten Siedler in der Region um Kapstadt waren die Buren aus Holland und Deutschland. Ab 1688 kamen die wegen ihres Glaubens aus Frankreich vertriebenen Hugenotten. Sie begründeten die südafrikanische Weintradition.

Als die Engländer, begierig ihr Kolonialreich auszudehnen ans Kap kamen und eine – vergleichsweise – liberale Menschenrechtspolitik einführten, suchten die Buren 1835 im Landesinnern Raum. Nach einem erbitterten »Freiheitskrieg« – so die Buren bis heute – erklärte Großbritanien 1899 den Kapstaat zur Kronkolonie.

Ab 1948 geriet das Land ins internationale Abseits. Zunehmend beunruhigt verfolgte die Welt die Einführung der Apartheid. Es war ein Weg in die Sackgasse, aus der erst Frederik Willem de Klerk, der 1989 die Regierung übernahm, das Land führte. Er entließ den Freiheitskämpfer Nelson Mandela nach fast 30 Jahren Haft, setzte alle Apartheidgesetze außer Kraft und schaffte damit die Voraussetzungen für eine friedliche, demokratische Lösung. Nach den ersten freien Wahlen 1994 wurde Mandela Staatspräsident. Südafrika wird seitdem auch das Land des Regenbogens genannt, denn es hat ein unvergleichlich farbiges Spektrum von Völkern, Kulturen und Religionen. 1999 wurde Thabo Mbeki, Sohn des Weggefährten und Mithäftlings von Nelson Mandela, Govan Mbeki, Präsident Südafrikas.

»Südafrika: das Land des Regenbogens«

Vor und nach dem Zweiten Weltkrieg waren viele Familien aus Europa eingewandert. Allein in den Kapprovinzen leben 80 000 Deutsche. Kriegsgefangene aus Italien mussten Pass- und Küstenstraßen bauen. Viele blieben nach ihrer Entlassung in Südafrika. Portugiesische Familien zogen ans Kap, als die ehemaligen Kolonien ihres Heimatlandes wie Mosambik und Angola unabhängig wurden.

Südafrika hat elf offizielle Landessprachen, die der Bevölkerungsgruppen Zulu, Xhosa, Afrikaans, Sotho, Pendi, Tswanga, Tsonga, Swazi, Ndebele, Venda und Englisch, das heute die Lingua Franca ist und vor allem in den Großstädten hauptsächlich gesprochen wird. Es gibt zwei politische Hauptstädte: Pretoria ist Regierungssitz, und in Kapstadt tagt das Parlament, wo sich die Abgeordneten für sechs Monate oder auch länger (je nach Arbeitsanfall) zu Sitzungen treffen.

Südafrika wirbt mit dem Slogan »Eine Welt in einem Land«, und es gibt eigentlich keinen Besucher, der dem nicht zustimmt.

Johannesburg – eine Glitzermetropole par excellence

Zaubermittel und moderne Kunst

Ein paar Eigenheiten und Begriffe, die helfen, Südafrika kennen und verstehen zu lernen

Aids
Die Zahl der Aidskranken im südlichen Afrika steigt immer weiter. In Südafrika sind heute bereits 20 Prozent der erwachsenen Bevölkerung HIV positiv. Die Prognose der durchschnittlichen Lebenserwartung liegt für 2010 bei nur 36 Jahren. 2005 wird es 5 Mio. Aidswaisen geben.

ANC
Der 1912 gegründete African National Congress (ANC) hat in einem jahrzehntelangen Befreiungskrieg die Herrschaft der weißen Minderheit bekämpft. Heute bildet er die stärkste Partei des Landes.

Apartheid
Das Wort kommt aus der Sprache Afrikaans und bedeutet »Getrenntheit«. Es bezeichnet die gesetzliche Trennung und die ungleiche Rechtsstellung von Menschen auf Grund ihrer Hautfarbe. Mit dieser grausamen Rassendoktrin versuchten die Weißen, vor allen Dingen die burische Minderheit, ihre Macht zu sichern und enthielten der zahlenmäßig stärkeren schwarzen Bevölkerung gleiche Recht vor.

Mit über 8 Mio. Menschen bilden die Zulus die größte Bevölkerungsgruppe Südafrikas

Bevölkerung
Südafrika hat knapp 42 Mio. Einwohner, davon sind 75 Prozent schwarz, 13 Prozent weiß, 9 Prozent farbig und 3 Prozent indisch. Elf offizielle Sprachen werden gesprochen. Zu den frühesten Bewohnern des Landes zählen die Khoisan-Stämme. Dazu gehörten die Hottentotten, die völlig ausgerottet wurden, und die Buschmänner. Die wenigen Nachfahren des freiheitsliebenden Nomadenvolks, das durch Seuchen und Angriffe der Buren stark dezimiert wurde, leben heute wie ihre Urahnen in der Kalahari-Wüste bzw. am Wüstenrand. Die freiheitsliebenden Buschmänner wurden ebenfalls geschwächt. Die wenigen aus dem Nomadenvolk, die Seuchen und den Angriffen der Buren widerstanden, leben wie ihre Urahnen in der Kalahari-Wüste bzw. am Wüstenrand. Höhlenmalereien zeugen von ihrer Geschichte.

Die angestammte Heimat der Zulus ist das Königreich Zululand in KwaZulu-Natal. Die Xhosa-Stämme sind seit dem 15. Jh. in der Gegend von Umtata nachgewiesen. Wäh-

Ein filigranes Kunstwerk der Natur – die Zuckerprotea

rend der Apartheid wurden ihnen die armseligen Gebiete Transkei und Ciskei als so genannte Homelands zugeteilt. Die strengen Gesetze missachtend, flohen sie vor der Armut in die riesigen Townships um Johannesburg, Pretoria und Kapstadt, wo ihr Los oft nicht besser war und wo die meisten von ihnen noch heute leben.

Afrikaaner heißen die Nachfahren holländischer und deutscher Siedler. Sie sprechen Afrikaans, eine Mischung aus Holländisch und Deutsch mit leichten französischen und malaiischen Anklängen sowie Einflüssen aus den schwarzen Sprachen. Coloureds (Mischlinge) stammen aus Verbindungen zwischen Europäern und Hottentotten- und Buschmännerfrauen. Die kleinste Bevölkerungsgruppe, die Inder, sind überwiegend in KwaZulu-Natal zu Hause. Ihre Vorfahren arbeiteten Mitte des 19. Jhs. auf den Zuckerplantagen. Inder sind seit Beginn der jungen Demokratie führend in Politik und Wirtschaft tätig.

Flora

Durch die verschiedenen Klimata in den Regionen gibt es einen üppigen Pflanzenreichtum, der es auf rund 22 600 Arten von Blütenpflanzen bringt. Allein von der südafrikanischen Nationalblume, der Protea, sind 400 Arten bekannt. Die Blumenpracht können Sie in den zahlreichen Wildblumen- und botanischen Gärten bewundern. Der eindrucksvollste ist Kirstenbosch in Kapstadt *(www.nbi.ac.za)*.

Auf der Welt gibt es sechs Blumenkönigreiche, in denen alle Mitglieder einer Pflanzenfamilie innerhalb der Grenzen eines Landes wachsen. Eines dieser Königreiche ist das Westkap, wo alle 6552 Arten der Feinbos-Familie gedeihen. Dazu gehören die Protea ebenso wie die Erika.

Homeland

Die Homelands waren während der Apartheid der Versuch der Regierung, zehn unabhängige Staaten für die schwarze Bevölkerung zu gründen und das übrige Land für Weiße freizuhalten. Homelands entstanden in den historischen Siedlungsgebieten der schwarzen Völker. Auf nur 13 Prozent der Landesfläche mussten 80 Prozent der Einwohner Südafrikas leben. Das Elend war groß. Heute gehören diese Gebiete wieder zu Südafrika, aber es wird dauern, bis das Erbe der Apartheid nicht mehr spürbar ist.

Kunst

Die ältesten Kunstwerke sind Höhlenzeichnungen der Buschmänner, die zum Teil vor Tausenden von Jahren entstanden. Mit den Europäern kam auch deren Kunst. Der berühmteste Landschaftsmaler, Jan Hendrik Pierneef, lebte Anfang des 19. Jhs. Seine Bilder erzielen bei Auktionen Höchstpreise. Irma Stern zählt ebenfalls zu den herausragenden Künstlern. Die aus Berlin stammende Malerin wanderte in den 1920er-Jahren ein. Im Kapstädter Stadtteil Rosebank ist ihr ein Museum gewidmet.

So vielfältig wie die Bevölkerung präsentiert sich die Kunst seit dem Ende der Apartheid. Inzwischen haben sich etliche schwarze und farbige Künstler einen Namen gemacht, z. B. Lucky Sibiya und Nkoane Harry. Einer der weltweit bekanntesten schwarzen Künstler ist Zwelethu Mthetwa, der Menschen weder schwarz noch weiß darstellt, sondern mit lila Haut.

Nelson Mandela

Nach 27 Jahren in Zuchthäusern wurde der damals über siebzigjährige Nelson Mandela 1990 in die Freiheit entlassen. Von 1994 bis 1999 war er Präsident des Landes. Ihm ist der friedliche Wandel zum großen Teil zu verdanken. Auf Ausgleich bedacht, prangerte er schwarze Korruption ebenso an wie weiße Wirtschaftskriminalität.

Muti

Muti sind Zaubermittel der Medizinmänner und Naturheiler *(sangomas).* In geheimnisvollen Läden in Johannesburg und Pretoria können Sie sich beim Kauf von *muti* beraten oder aus auf den Boden geworfene Knochen die Zukunft lesen lassen. Viele Schwarze gehen zwar zum Arzt, doch zur Sicherheit auch zum *sangoma.*

Shebeens

So heißen die Kneipen und Clubs in den schwarzen Townships. Dort herrscht meistens, besonders abends und am Wochenende, eine tolle Stimmung. Die Getränke sind nicht immer kalt (wegen des raschen Verkaufs), dafür ist die Musik irre gut. Nehmen Sie aber zu einem Besuch einer Shebeen einen ortskundigen Führer mit.

Sicherheit

Immer wieder hören Touristen Schreckensmeldungen über die Kriminalität in Südafrika, besonders aus den Großstädten. Dabei hat die Polizei in den letzten Jahren durch drastische Maßnahmen das Problem ziemlich gut in den Griff bekommen – in Kapstadt wird zum Beispiel die Innenstadt mit Kameras überwacht. Die meisten Verbrechen finden in den Townships oder Squattercamps statt, also den Wohngebieten der ärmsten Südafrikaner. Dorthin sollten Sie wirklich nur in einer Gruppe mit kundigem Führer fahren. Wer sich an die Regeln hält, die auch für andere Länder mit großem Wohlstandsgefälle gelten, hat wenig zu befürchten. Wichtig ist: keine Anhalter mitnehmen, Kameras und Schmuck beim Stadtbummel nie auffällig tragen, Vorsicht an Bargeldautomaten. Und auf keinen Fall abends zu einem Spaziergang durch einsame Straßen aufbrechen. Das gilt besonders für Johannesburg und Durban. Aus Sicherheitsgründen ist es erlaubt, nachts auf verkehrsarmen Straßen bei Rot über die Kreuzung zu fahren.

Sport

Südafrikaner lieben Sport – auch passiv. Wenn die Nationalmannschaften spielen, im Rugby die *Springboks,* im Kricket die *Proteas* und im Fußball *Bafana Bafana,* gibt es kaum ein anderes Gesprächsthema. Und auch ein bewegender Moment in der Geschichte des neuen Südafrikas hat mit dem Sport zu tun: Als Nelson Mandela nach dem Gewinn der Rugbyweltmeisterschaft vor einigen Jahren im Trikot des Nationalteams den Pokal übergab, drückte sich in dieser Geste der Wille zur Einheit aus. Denn Rugby galt traditionell als das Spiel der weißen Südafrikaner, insbesondere der Afrikaaner.

Township

Das ist die Bezeichnung für die Vorstädte. In der Zeit der Apartheid wurden die Wohngebiete nach Hautfarbe der Bewohner getrennt. Es gab weiße, farbige, indische und schwarze Stadtteile, wenngleich sich gerade in den Großstädten die Grenzen zunehmend verwischten. Township werden heute nur die vielfach riesigen Vororte genannt, in denen jene wohnen, die keine weiße Haut haben. Die Gebiete verkommen zusehends, trotz der Bemühungen der Regierung um Verbesserung, denn täglich ziehen Menschen vom Land neu hinzu, die auf Arbeit in der Stadt hoffen. Nur knapp die Hälfte der Südafrikaner lebt in festen Häusern, die andere Hälfte versucht, sich aus Holz, Plastiktüten oder Blech ein Zuhause zu schaffen. Und wer ein Dach über dem Kopf hat, vermietet an nicht so Glückliche unter. Oft schlafen in einem kleinen Raum mehr als zehn Menschen. Fast 3 Mio. Schwarze sind unterernährt, mehr als ein Drittel davon sind Kinder unter fünf Jahren.

Wildlife

In den Wildparks herrscht eine Artenvielfalt wie sonst kaum auf der Welt. Die Regierung unterhält 20 Nationalparks – 17 davon bieten Übernachtungsmöglichkeiten – mit einer Fläche von insgesamt 3,2 Mio. ha. Hinzu kommen Naturschutzgebiete und Wildreservate, die den einzelnen Provinzen unterstehen. Darüber hinaus gibt es unzählige private Wildparks, wo die Übernachtungspreise meistens sehr viel höher sind als in den von Staat und Ländern geführten Reservaten. Es gilt die Devise, je mehr man bezahlt umso mehr bekommt man.

In den staatlichen Parks können Besucher im eigenen geschlossenen Wagen fahren. Im offenen Geländewagen geht es hingegen durch die privaten Reservate, begleitet von einem kundigen Ranger. Das ist natürlich eine bessere Voraussetzung, um Tiere hautnah zu erleben. Abgesehen davon, dass die Unterbringung in privaten Parks in den meisten Fällen viel besser ist, sind die hohen Preise auch gerechtfertigt, weil es sehr teuer ist, privat Naturschutz zu leisten.

Der größte und schönste Park ist der Kruger National Park. Hier leben die *Big Five* (Elefant, Löwe, Büffel, Leopard und Nashorn) in großer Zahl; besonders die Büffelherden sind riesig. Man hat gute Chancen sogar den scheuen Leoparden zu sehen. Das gilt erst recht für die umliegenden privaten Parks. Im Addo Elephant National Park sind Elefanten am besten zu sehen. Wer sich für Löwen interessiert, sollte sich im Kgalagadi Transfrontier Park umsehen. Eine erfolgreiche Pirsch verspricht auch der Hluhluwe-Umfolozi Park.

Wirtschaft

Der Bergbau zählt zu den wichtigsten Wirtschaftszweigen und bietet – neben der Landwirtschaft – die meisten Arbeitsplätze. Südafrika ist der größte Goldproduzent und deckt über 50 Prozent des weltweiten Bedarfs. Es gehört auch zu den größten Diamantenlieferanten. Überhaupt gibt es kaum ein Mineral, das im Land nicht vorkommt. Jedes Jahr werden in den Meeren um das Kap 1,2 Mio. t Fisch gefangen, wovon 90 Prozent ins Ausland verkauft werden. Der Tourismus ist der drittgrößte Devisenbringer.

In den letzten Jahren hat sich in Kapstadt eine florierende Filmindustrie entwickelt. Es werden Hollywood-Filme, deutsche Serien und internationale Werbefilme gedreht. Trotz des wirtschaftlichen Aufschwungs und der erfolgreichen Finanzpolitik der Regierung – die Inflationsrate ist so niedrig wie seit fast zwei Jahrzehnten nicht mehr – gibt es viele Arbeitslose. Ihr Anteil an der erwerbsfähigen Bevölkerung wird auf 50 Prozent geschätzt. Dagegen klappt die amtlich verordnete »Affirmative Action«, die Beteiligung schwarzer Bürger an der Wirtschaft, erstaunlich gut.

Im offenen Wagen mitten in der Wildnis

Erlesene Weine zu vielfältigen Spezialitäten

Asiatische, indische, europäische und afrikaanische Küche verwöhnen selbst anspruchsvolle Genießer

Essen

Es gibt keine authentische südafrikanische Küche. Je nach Landstrich werden andere Spezialitäten geboten. Am Kap macht sich der Einfluss der Malaien besonders durch Eintöpfe bemerkbar. Die Inder in Natal reichen gern scharfe Curry- und Chutney-Gerichte.

Die Afrikaaner lieben ihr *braai,* ein Barbecue, das häufig mehr wegen seiner Geselligkeit als wegen seiner kulinarischen Genüsse in Erinnerung bleibt. Es werden erstklassige Steaks und *boerewors,* gut gewürzte Bratwürste, gegrillt. Dazu gibt es *stywe pap,* einen fast trocken gekochten Brei aus Maismehl. Echt afrikaanisch verhalten Sie sich, wenn Sie den *pap* mit den Händen zu einem Klumpen formen und in eine Soße tauchen, bevor Sie ihn mit der Wurst essen. An Wochenenden trifft man sich überall in Südafrika zu *braai partys:* Die Männer stehen um das Feuer, ein Bier in der Hand, die Frauen sitzen am Tisch und reden über Alltagsprobleme.

Frisches, sonnensüßes Obst ist in Südafrika überall gut

Fast alle Restaurants haben ein großes Angebot an Fisch, der gerade in den Küstenregionen garantiert fangfrisch ist, zum Teil aber auch geräuchert. Der *crayfish* ist geschmacklich eine Mischung aus Hummer und Languste. Verglichen mit den Preisen in Europa kostet diese Delikatesse in Südafrika weit weniger. Bevor Sie *crayfish* bestellen, sollten Sie allerdings fragen, ob er frisch – nicht etwa tiefgefroren – ist. Lassen Sie sich außerdem zeigen, wie groß das Tier ist!

Das Angebot an Obst und Gemüse ist sehr groß und die Qualität hervorragend. Fast immer handelt es sich um Freilandprodukte. Das wirkt sich auf Duft und Geschmack aus. Besonders empfehlenswert sind Weintrauben, Melonen und Äpfel. Gemüse- und Obstsorten entsprechen durchweg dem europäischen Angebot, einmalig am Kap sind jedoch *Cape gooseberries.* Die kleinen, gelben Früchte werden hauptsächlich für Kuchen und Konfitüren verwendet. Außerdem wachsen auf vielen Teichen ab Mai die *waterblommetjies.* Die Blüten der seerosenähnlichen Wasserpflanze, die

Südafrikanische Spezialitäten

Lassen Sie sich diese Köstlichkeiten gut schmecken!

Biltong – luftgetrocknetes und gesalzenes Filet vom Rind oder Wild; wird in dünnen Scheiben serviert. Ein Überbleibsel des großen Trecks der Buren, als das Fleisch lange haltbar sein musste

Bobotie – ein Auflauf aus Lammhackfleisch, das stark mit Curry gewürzt ist, und Aprikosen, Marmelade, Rosinen und Mandeln. Darüber kommt eine Soße aus Eigelb und Milch

Bredie – Fleischeintopf mit Gemüse. Besonders mit Tomaten zu empfehlen

Droë Wors – luftgetrocknete Wurst, sehr lange haltbar. Auch ein Relikt des großen Trecks

Isibindi – dünn geschnittene Lammleber mit Zwiebeln

Kingklip – der beliebteste Seefisch in Südafrika gehört zur Dorschfamilie. Er hat festes weißes Fleisch und kommt meist filetiert auf den Teller

Koeksisters – sehr süßes Gebäck. Der Teig wird geflochten, in Öl gebacken und in Sirup getaucht

Pap – Brei aus Maismehl, den man mit Polenta vergleichen kann. Die Afrikaaner nennen ihn Pap und essen ihn mit *sous,* einer Soße aus Tomaten und Zwiebeln. Aber eigentlich kommt der ziemlich trockene Brei aus der schwarzafrikanischen Küche. Dort heißt er *pute* und spielt in der Ernährung eine wichtige Rolle. Dazu gibt es *amasi,* eine Soße aus saurer Milch

Perlemon – auch Abalone genannt, eine handgroße Muschel aus dem Atlantischen Ozean

Potjiekos – Gericht aus Kartoffeln, Fleisch und Gemüse, das bis zu fünf Stunden auf dem offenen Feuer schmort

Samosa – kleine, dreieckige Blätterteigtaschen mit Gemüse- oder Fleischfüllung, in heißem Fett gebraten

Sosaties – Spieße mit Lammfleisch, Trockenfrüchten, Tomaten und Zwiebeln, meist gegrillt

Sousboontjies – getrocknete Bohnen, die mit Butter, Zucker, Essig und anderem Gemüse gekocht werden

Ulusu – weich gekochte Kutteln in einer Soße aus Zwiebeln, Sellerie und Kartoffeln

nur am Kap wächst, werden gern als Bestandteil eines Lammeintopfs genommen.

Trinken

Das Leitungswasser können Sie überall bedenkenlos trinken. Südafrika hat mit die besten Wasserwerte der Welt. Deshalb kam Mineralwasser erst in den letzten Jahren in Mode. Zu jedem Essen bestellen sich die Südafrikaner ein Glas Eiswasser. Das populärste alkoholische Getränk bei der schwarzen Bevölkerung ist Bier; Weiße trinken gern Brandy mit Cola, aber auch andere Longdrinks. Gin, Rum, Wodka und Whisky – viele Schnäpse werden in Südafrika hergestellt oder zumindest abgefüllt. Obwohl das Land seit über 300 Jahren Wein anbaut, sind die Südafrikaner selbst erst vor knapp 20 Jahren so richtig auf den Geschmack gekommen. Die südafrikanischen Weine sind ausgezeichnet, für Weinliebhaber ist das Kapland ein Paradies. Die Trauben wachsen unter idealen Bedingungen.

Wenn Sie Ihre Reise am Kap beginnen, sollten Sie die Weinrouten von Franschhoek, Stellenbosch, Paarl oder Constantia abfahren. Bei den überall angebotenen Weinproben können Sie gleich herausfinden, welche Tischweine Sie auf Ihrer Reise trinken wollen. Hier einige Empfehlungen: *Meerlust, Overgaauw, Allesverloren, Boschendal, Thelema, Bouchard Finlayson, La Motte* und *Veenwouden* bieten wunderbare Rot- und Weißweine. Den Rotwein *Pinotage* gibt es nur in Südafrika. Die Traube ist eine Kreuzung aus Pinot Noir und Hermitage (Cinsaut).

Der Kaffee entspricht nicht immer dem Geschmack der Besucher aus Europa, weil – vor allem in ländlichen Regionen – Instantkaffee verwendet wird. Vielleicht probieren Sie auch einmal den *Rooibos-Tee,* hergestellt aus den feinen, nadelähnlichen Blättern eines Busches, der nur in den Cedarbergen wächst.

Restaurants

Besonders in den Großstädten und Ferienorten finden Sie eine große Auswahl. Die Küche ist international. Es gibt kaum eine Nationalität, die in Südafrika nicht mit einem Restaurant vertreten ist. Wenn Sie gern Wein oder Bier zum Essen trinken und zum Schluss auch einen Schnaps, überzeugen Sie sich zuvor, ob das Lokal eine Schanklizenz hat. Dabei wird unterschieden zwischen einer Volllizenz und einer Lizenz, die nur den Ausschank von Wein und Bier gestattet. Wenn ein Lokal den Hinweis *unlicensed* trägt, können Sie sich Ihre eigenen alkoholischen Getränke mitbringen. Dann zahlt sich der vorherige Besuch eines Weinguts besonders aus.

Normalerweise wird man bei der Tischreservierung darauf hingewiesen, wenn ein Restaurant *not licensed* ist. Restaurants sind meist von 12 bis 14.30 und 19 bis 23 Uhr geöffnet. Montags haben viele geschlossen. Es empfiehlt sich, vor allem fürs Abendessen, in den größeren Städten immer einen Tisch zu reservieren. Dabei sollten Sie beachten, dass einige Restaurants und Hotels speziell am Abend auf elegante Kleidung Wert legen.

Seit einem Jahr ist das Rauchen in Südafrika in Gebäuden mit Publikumsverkehr verboten. Das gilt auch für Restaurants. Einige verfügen über eine Raucherecke.

Perlen und Schmuck mit viel Bedeutung

Straußenleder und Diamanten, ungewöhnliches Kunsthandwerk und überbordende Phantasie

Mitbringsel aus Südafrika sind exotisch, kunstvoll und vielfältig. Sicher wird Ihnen die Entscheidung schwer fallen, was Sie wem mitbringen und durch welche Souvenirs Sie sich an die Reise erinnern wollen: Reich verzierte Kleider, Schmuck, Schnitzereien, Handarbeiten aller Art gibt es in enormer Auswahl. Sie werden fasziniert sein von den wundervollen Perlenarbeiten, die zudem auch bedeutsame Botschaften übermitteln sollen. Zulus und Xhosa zum Beispiel schicken als Liebesbriefe kleine Teppiche aus Perlen, die an Sicherheitsnadeln hängen.

Die überbordende Fülle des Angebots hängt mit den zahlreichen Bevölkerungsgruppen zusammen, die sich in ihrer Phantasie in nichts nachstehen.

Zulus fertigen kleine, mit Perlen bestickte Stoffpuppen, Vögel aus Tannenzapfen und Gefäße aus Kürbisrinde, *kalabasch,* die mit Perlen überzogen sind.

Typisch für die Xhosa: *inxhili,* eine traditionelle Tasche in Weiß und Orange mit Perlen und Knöpfen bestickt und *isibinquo,* ein drei Viertel langer, bestickter Rock mit passendem Oberteil. In dieser Art gibt es auch sehr schöne Tischdecken. Die lange, perlengeschmückte Pfeife nennt man *inquawe.*

Eine Zulu-Frau bei der Handarbeit

Die Ndebele sind berühmt für ihre Lendenschurze aus Tierhaut für Männer und Frauen. Die Perlenstickerei darauf zeigt, ob eine Frau verheiratet ist oder ob ein Jüngling schon die Initiation hinter sich hat. Bis zu 1 m hohe, aus Perlen gestickte Puppen verkörpern unter anderem Fruchtbarkeit und Männlichkeit. *Nyoka* heißt der Kopfschmuck der Braut. Der Perlenschmuck, die Armreife und Ketten zeugen von Farbenfreude. Sie sollten eine Gelegenheit suchen, bei der Fertigung einmal zuschauen zu dürfen.

Solche Andenken können Sie auf der Straße oder in einem der Souvenirgeschäfte kaufen. Auch auf den Flohmärkten, die in allen Großstädten am Wochenende stattfinden, gibt es sie. Viele der kleinen Kunstwerke stammen aus Werkstätten in den Armenvierteln. Wer sich für Trödel interessiert, sollte sich auf jeden Fall hier umschauen, denn mancher Arbeitsraum birgt wahre Schätze.

An Straßenecken verkaufen häufig Kinder aus den Townships

Berühmt für ihre Malkunst und Perlenstickerei sind die Ndebele-Frauen

Kunsthandwerk aus Draht und Blech: kleine Windmühlen, Autos und Fahrräder.

Seit dem Ende der Apartheid kommen immer mehr Kunstwerke, vor allem Holzarbeiten, aus anderen afrikanischen Ländern nach Südafrika. Sie werden an Straßenecken und auf Flohmärkten angeboten. In den Herstellungsländern gibt es richtige Massenproduktionsstätten. Deshalb Vorsicht zum Beispiel bei einer »antiken« und teuren Holzfigur aus Simbabwe. Wer ein solches Andenken kaufen möchte, sollte sich besser in einer Kunstgalerie beraten lassen.

Curio-Shops sind ein Mittelding zwischen Straßenverkauf und Kunsthandel, vergleichbar etwa den Läden in Deutschland, die Kunsthandwerk anbieten.

Viele Besucher erwarten, dass der Schmuck in Südafrika, dem Land des Goldes und der Diamanten, billiger ist. Das stimmt, aber nur mit Einschränkungen. Auch in Südafrika wird der Preis von Gold und Edelsteinen vom internationalen Markt bestimmt. Aber es lohnt sich doch, Schmuck zu kaufen: Es muss sich um südafrikanische Handarbeit handeln. Solche Ware kostet weniger als in Deutschland und ist von hervorragender Qualität. Sie sollten aber nur zu einem Fachgeschäft (Mitglied des Jewellery Council of S. A.) gehen.

Auch die Preise für Diamanten und andere Edelsteine sind meist niedriger, weil die Juweliere oft mit geringeren Nebenkosten und Gewinnspannen arbeiten. Doch sollten Sie unbedingt ein unabhängiges Gutachten verlangen.

Ein besonders schöner Stein ist der Tansanit, der in Deutschland noch ziemlich unbekannt ist. Er ist tausendmal seltener als ein Diamant und wurde erst vor 40 Jahren in Tansania entdeckt. Er wird nur in drei Minen gefunden. Nachdem ihm Mr. Tiffany den schönen Namen gegeben hatte, wurde der Stein ein Jahrzehnt lang verkauft. Durch politische Schwierigkeiten kam der Abbau zum Erliegen. Erst seit einigen Jahren gibt es wieder Lizenzen für Privatunternehmen und damit den funkelnden blauen Stein auch wieder in den Fenstern der Juweliere. Es wird damit gerechnet, dass die Minen in 20 Jahren erschöpft sind.

Es lohnt sich, Artikel aus Straußenleder zu kaufen. Die Auswahl an Hand- und Brieftaschen, Koffern, Portemonnaies und Schuhen ist groß. Achten Sie darauf, dass das Stück umso preiswerter ist, je mehr Leder ohne die kleinen Noppen verarbeitet wurde. Das glatte Leder stammt von den Beinen des Tieres und ist nicht so wertvoll. Die schönsten Taschen hat das Fabrikgeschäft von *Cape Cobra (4th Floor Hill House, 43, Somerset Rd., Kapstadt, Tel. 021/415 34 40).*

Ein hübsches Mitbringsel für kleine Mädchen ist die südafrikanische Barbiepuppe. Sie heißt *Palesa,* und ihre Kleider sind traditionell afrikanisch. Zu kaufen in allen Filialen von *Toys-R-Us.*

Für Weinliebhaber ist Südafrika ein Paradies. Nicht nur die Qualität stimmt, sondern auch der Preis. Selbst ein Wein der Spitzenklasse kostet selten über 10 Euro. Für 2,50 Euro bekommen Sie schon einen guten Tropfen. Für Interessierte lohnt es sich, einen der Weinführer zu Rate zu ziehen, die es in jedem Schreibwarengeschäft zu kaufen gibt. Fast alle Weingüter bieten Weinproben an. Sie organisieren auch den Transport des Weins nach Hause. Da die Fluglinien nur die Mitnahme von zwei Flaschen pro Person im Flugzeug erlauben, sind Liebhaber südafrikanischer Weine auf den Versand der Winzer angewiesen.

Wer das Fahren von Weingut zu Weingut *(estate),* womöglich noch auf verschiedenen Weinstraßen zu mühsam findet, sollte sich in den Weingeschäften in Kapstadt umsehen: Dort finden Sie das ganze südafrikanische Angebot. Auch von hier klappt der Versand nach Deutschland ohne Probleme. Zu empfehlen ist: *Vaughan Johnson's Wineshop* Insider Tipp *(tgl. 9–18 Uhr, Waterfront, Tel. 021/419 21 21, www.vaughanjohnson.com).* In einem etwas rustikalen Ambiente gibt es eine Auswahl an tollen Weinen. Herr Johnson sitzt oft an seinem Schreibtisch im Geschäft und berät seine Kunden gern und kenntnisreich. Eine weitere gute Adresse in Kapstadt ist *Waterfront World of Wines (tgl. 9–21 Uhr, Clocktower, Waterfront, Tel. 021/418 00 01, www.waterfrontworldofwine.com).*

Praktisch sind die Eckkioske, die es überall in den Städten und in jedem Dorf gibt. Sie werden *Cafés* genannt und öffnen morgens um 6 Uhr und schließen selten vor Mitternacht. Dort werden Zeitungen, Lebensmittel, Zigaretten, Süßwaren, alkoholfreie Getränke und vieles mehr verkauft. Häufig gehört auch ein Schnellimbiss dazu.

Bei einem Einkauf von über 250 Rand wird die Mehrwertsteuer von 14 Prozent erstattet. Bitten Sie beim Kauf um eine *Tax Invoice* und legen Sie sie am Flughafen (eine zusätzliche Stunde vor dem Abflug einplanen) oder an einem besonderen Schalter im Büro von *Waterfront Tourism* vor (Auskunft: *Tel. 011/484 75 30, Fax 484 29 52).*

Feste, Events und mehr

Blütenpracht, Musik und Tanz machen südafrikanische Feste unvergesslich

In den überlieferten Feiern und in vielen Veranstaltungen Südafrikas spiegelt sich die Vielfalt der Kulturen wider.

Traditionelle Tänze der Zulus

Offizielle Feiertage

1. Jan. *Neujahrstag;* **21. März** *Tag der Menschenrechte;* **27. April** *Tag der Freiheit;* **16. Juni** *Tag der Jugend;* **9. Aug.** *Nationaler Frauentag;* **24. Sept.** *Heritage-Tag;* **16. Dez.** *Tag der Versöhnung*
Falls einer dieser Feiertage auf einen Sonntag fällt, ist der folgende Montag der Feiertag.

Religiöse Feiertage

Rund drei Viertel aller Südafrikaner bekennen sich zum Christentum. Deshalb sind Weihnachten, Ostern und Himmelfahrt im ganzen Land Feiertage.

Veranstaltungen

Januar

Kapstadt: *Coon Carnival,* Straßenkarneval der *coloureds* vom 1. bis 7. Jan. Sie ziehen bunt gekleidet durch die Straßen, machen Musik und tanzen dazu. Den Höhepunkt bildet ein Wettbewerb im Green Point Stadium, bei dem die beste Band ermittelt wird.

März

Oudtshoorn: *Klein Karoo National Arts Festival.* Kulturfest mit Theateraufführungen, Kunstmarkt und einem großen Angebot an Kunsthandwerk in der letzten Märzwoche.
Durban: *Durban Fiesta und Harbor Festival.* Großes Stadt- und Hafenfest mit Grillpartys an den Stränden am letzten Märzwochenende.

Mai

Pietermaritzburg und Durban: *Comrades Marathon.* Jährlicher

Lauf über die Distanz zwischen den beiden Städten am 31. Mai.

Juni/Juli
Grahamstown: *National Arts Festival.* Zwei Wochen lang (letzte Juni- bis erste Juliwoche) verwandelt sich das verschlafene Universitätsstädtchen in eine Arena für Kunst. Die Tage sind ausgefüllt mit Theater, Film und Musik. Jede wichtige Ausstellung des Landes wird hier gezeigt.

Juli
Knysna: *Knysna Oyster Festival.* Austern stehen in der ersten Juliwoche im Mittelpunkt, wie z. B. beim Austernkochwettbewerb und beim -wettessen. Dazu viele Sportveranstaltungen.
Franschhoek: *Bastille Day.* Am Sonntag, der dem 14. Juli am nächsten ist, erinnern die Weinfarmer und Restaurantbesitzer an die Gründer ihres Dorfes. Ein Fest mit den besten Weinen und Speisen der Region.

August bis Oktober
Namaqualand: *Wildblumenblüte.* In dieser Zeit blühen im Blumenparadies der Westküste des Kaps über 2600 Arten. Sie bilden einen kilometerlangen und -breiten Blütenteppich. Jeder Ort in dieser Region feiert dann ein Blumenfestival.

September
Quteniqua und George: *Quteniqua Steam Festival.* Ralley zwischen den beiden Städten mit alten Dampflokomotiven und Oldtimern, Wochenende nach dem 24. Sept.
Hermanus: *Whale Festival.* In der Zeit von Juni bis November kommen Wale an die Küste des Indischen Ozeans, um sich zu paaren und ihre Jungen zur Welt zu bringen. Das Festival am letzten Septemberwochenende steht ganz im Zeichen der Meeressäugetiere.

Oktober
Pretoria: *Jacaranda Festival.* Wenn in der Innenstadt das zarte Lila der Blüten von 70 000 Jacaranda-Bäumen leuchtet, findet in der dritten Oktoberwoche ein Straßenfest mit Musikanten und einem großen Floh- und Bauernmarkt statt.
Stellenbosch: *Food and Wine Festival:* Hier können Sie alle Weine aus dem Anbaugebiet um Stellenbosch unter einem Dach probieren; letzter Oktobermittwoch bis -samstag.

Dezember
Insider Tipp Sun City/Lost City: *1-Million-Golf-Turnier.* Die weltbesten Spieler werden zu diesem Turnier eingeladen.

Coon Carnival in Kapstadt

Wüste und üppiges Grün

Ob verschwenderisch, idyllisch oder karg, jede Gegend hat ihren ganz besonderen Reiz

Die Kapprovinzen umfassen 60 Prozent der Landesfläche und bieten extreme landschaftliche Kontraste: von der Kalahari-Wüste bis zu dem üppigen Urwäldern an der Garden Route. Im Zentrum liegt die große Halbwüste Karoo. Wer die Einsamkeit mag, wird diese karge afrikanische Landschaft lieben. An der Küste des Indischen Ozeans gibt es dagegen so viel Süßwasser, dass das Kap hier verschwenderisch grün und fruchtbar ist. Die berühmte Garden Route erhielt ihren Namen jedoch nicht, weil hier ein Garten neben dem anderen liegt, sondern weil es sich um eine landschaftlich besonders schöne Strecke zwischen Mossel Bay und der Mündung des Storm Rivers ins Meer handelt.

Port Elizabeth ist die Hochburg der Autoindustrie. Trotz einer ausgeprägten Wirtschaftsstruktur, zu der auch der Hafen beiträgt, ist die Stadt ein beliebtes Ferienziel mit langen Stränden. Im Landesinnern entstehen mehr und mehr Wildfarmen.

Die Westküste der Kapprovinzen ist viel trockener und rauer als die »Gärten des Ostens«. In der Lagune von Langebaan fühlt man sich an ein griechisches Idyll erinnert.

Straußenzucht in der kleinen Karoo

Auch Bougainvillea blüht hier

Im Landesinnern liegt das halbwüstenartige Namaqualand. Zwischen August und Oktober verwandelt Regen die trockene Landschaft in ein Meer aus blühenden Wildblumen. Die beste Sicht auf diese Pracht haben Sie vom Vanrhynspass.

Weiter im Norden liegt die faszinierende Kalahari-Wüste mit einem vom Tourismus kaum berührten Wildpark und den dramatischen Augrabies-Wasserfällen. Sie sind eines der Naturwunder Südafrikas.

GEORGE

[119 E5] Die Hauptstadt der Garden Route (140 000 Ew.) liegt am Fuß der Outeniqua-Berge. Sie ist umgeben von einer traumhaft schönen, parkähnlichen Landschaft, die bis ans Meer reicht. Vom Landesin-

Afrikanisches Idyll – Rundhütten der Xhosa

nern kommen Sie über den Montagu- oder Outeniqua-Pass, den italienische Kriegsgefangene im Zweiten Weltkrieg bauen mussten.

Beim Spaziergang durch die Stadt mit vielen eichengesäumten Straßen, sollten Sie einen kurzen Stopp an der alten Bücherei in der *York Street,* der Hauptstraße von George, einlegen. Eine der alten Eichen vor dem Gebäude steht unter Denkmalschutz, der *Old Slave Tree,* an dem früher Sklaven verkauft wurden. Einen Blick lohnt auch die *St. Mark's Cathedral,* die wohl kleinste Kathedrale des Kontinents.

SEHENSWERTES

Insider Tipp

Outeniqua Choo Tjoe

Mit der alten Dampflok können Sie eine Fahrt durch die reizvolle Landschaft machen. Es geht durch Tunnel, über Lagunen, an Seen und am Meer entlang nach *Knysna. Mo–Fr, in den Ferien auch Sa, ab George 9.30 und 13 Uhr, ab Knysna 9.45 und 14.15 Uhr, die Fahrt – eine Strecke – dauert drei Stunden, Tickets (60 Rand) am Bahnhof*

MUSEEN

George Museum

Im früheren Gericht erfahren die Besucher viel über Holz und Holzverarbeitung. *Old Drostdy Building, Courtenay St., Mo–Fr 9–16.30, Sa 9–12.30 Uhr, Eintritt frei*

Outeniqua Transport Museum

Ein Paradies für Eisenbahnfans, die hier in die Zeit der Dampfloks versetzt werden. *2, Mission St., Mo–Fr 9–16, Sa 10–12 Uhr, Eintritt 5 Rand*

ESSEN & TRINKEN

Copper Pot

In einem hübschen alten Haus wird eine interessante Mischung aus lokaler und internationaler Küche serviert. *12, Montagu St., Blanco, Tel. 044/870 73 78, €€*

Red Rock Restaurant
Die Besitzerin kocht nicht nur gut, sondern malt auch die Bilder, die an den Wänden hängen. *Arbour Rd., Glenbarrie, Tel. 044/873 38 42, €*

ÜBERNACHTEN

Cedar Manor B & B
Das elegante Herrenhaus liegt am Fuß der Outeniqua-Berge. *4 Zi., 3, Cedar Ave., Heatherlands, Tel. 044/874 54 62, Fax 874 54 63, www.cedarmanor.co.za, €*

Fancourt
★ Der wunderschöne Landsitz aus dem Jahr 1860 ist umgeben von vier Golfplätzen und einem herrlichen Garten mit Hallen- und Außenschwimmbädern. *86 Zi., Montagu St., Blanco, Tel. 044/804 00 00, Fax 804 07 00, www.Fancourt.com, €€€*

FREIZEIT & SPORT

George ist mit fünf hervorragenden Plätzen das Golfmekka Südafrikas *(Go Golfing SA Tours, Tel. 044/874 04 74)*. Der Vorort *Victoria Bay* liegt direkt am Meer und ist bei Wellenreitern in aller Welt bekannt. Das *B & B Beach House (4 Zi., Tel. 083/539 73 98, Fax 044/884 17 53, www.vicbay.com, €)* liegt nur 6 m vom Meer entfernt. Insider Tipp

AUSKUNFT

George Tourism
124, York St., Mo–Fr 9–17, Sa 9 bis 13 Uhr, Tel. 044/801 92 95, www.georgetourism.co.za

ZIELE IN DER UMGEBUNG

Cango Caves **[119 E5]**
★ Die riesigen unterirdischen Gewölbe gehören zu den faszinierendsten Tropfsteinhöhlen der Welt. Seit über 20 Mio. Jahren zersetzt das Re-

MARCO POLO Highlights »Kapprovinzen«

★ **Kgalagadi Transfrontier Park**
Ein besonders schöner Tierpark (Seite 36)

★ **Cango Caves**
Einmalig reizvolle Tropfsteinhöhlen bei Oudtshoorn (Seite 31)

★ **Fancourt**
Das Luxushotel in George liegt inmitten von vier 18-Loch-Golfplätzen (Seite 31)

★ **Plettenberg Bay**
Attraktives Seebad an der Garden Route (Seite 38)

★ **Addo Elephant National Park**
Vor allem der Nachwuchs der Dickhäuter begeistert Besucher (Seite 43)

★ **West Coast National Park**
Naturpark mit vielen vom Aussterben bedrohten Vogelarten (Seite 40)

Cango Caves: riesige, einzigartige Tropfsteinhöhlen

genwasser, das durch die Risse in der Erdoberfläche in die Höhle fließt, den Kalkstein, sodass sich gewaltige Kammern und Tunnel gebildet haben. Sie erwartet ein einmaliges Zusammenspiel aus Farben und Formen. *Führungen (30, 60 oder 90 Min.) zur vollen bzw. halben Stunde 9.30–16 Uhr, Eintritt 32 Rand, Tel. 044/272 74 10. 80 km von George*

Oudtshoorn **[119 E5]**

Oudtshoorn ist das Zentrum der Straußenzucht. Es liegt 70 km von George entfernt. Nirgendwo, sagen die Einwohner, werden die großen Vögel so erfolgreich gezüchtet wie hier. Vor dem Ersten Weltkrieg verdienten die Farmer mit Straußenfedern, die damals ein wichtiges Accessoire waren, ein Vermögen. Alle neun Monate müssen die Tiere (schmerzlos) Federn lassen. Außer den Federn erfreut sich auch Straußenleder großer Beliebtheit. Der älteste Strauß in Oudtshoorn soll 81 Jahre alt geworden sein. Verschiedene Farmen bieten Führungen an: z. B. *Cango Ostrich Farm (Tel. 044/272 46 23)* und *Safari (Tel. 044/272 73 11, beide Farmen tgl. 7.30–16.30 Uhr, Eintritt 30 Rand).* Probieren Sie ein Straußensteak oder ein Omelett aus einem Straußenei. Das *C. P. Nel Museum* schildert die Geschichte der Straußenzucht *(3, Baron von Rheede St., Mo–Sa 9–17 Uhr, Eintritt 5 Rand).*

Gleich daneben liegt das *Queens Hotel.* Das im Kolonialstil eingerichtete Gasthaus wurde schon von der jungen Königin Elisabeth II. besucht *(40 Zi., Tel. 044/272 21 01, Fax 272 21 04, queens@xsinet.co.za, €).* Das beste Restaurant der Stadt ist *Jemina's* in derselben Straße *(94, Baron van Reede St., Tel. 044/272 08 08, €).* Insider Tipp

70 km nördlich, jenseits vom dramatisch schönen Swartbergpass, liegt der kleine, hübsche Ort *Prince Albert* **[119 D5]**. Dessen Häuser se-

hen alle fast noch so aus, wie zu Beginn des 19. Jhs. Eines beherbergt das Hotel *De Bergkant Lodge (9 Zi., Tel./Fax 023/541 10 88, www.debergkant.co.za, €€).*

GRAAFF-REINET

[119 F4] Der Ort, umgeben vom *Karoo Nature Reserve,* wird oft das Juwel der Karoo genannt. Graaff-Reinet (40 000 Ew.), 1786 gegründet, zählt zu den ältesten Städten Südafrikas. Es erhielt seinen Namen nach dem Gouverneur Cornelis Jacob van der Graaff und seiner Frau Cornelia Reinet. Der Stadtkern gleicht einem großen Freilichtmuseum. Hier spiegelt sich die Architektur der letzten 200 Jahre wider, vom einfachen Flachbau, der Karoohütte, über die kapholländischen Anwesen, die im 18. Jh. den Stadthäusern in Amsterdam nachgebaut wurden, bis hin zu den Häusern aus der viktorianischen Ära. Alle Gebäude wurden mit viel Aufwand restauriert.

MUSEUM

Reinet House Museum
Umfangreiche Sammlung kapholländischer Möbel und Haushaltsgeräte sowie eine Fahrzeugsammlung. Die Weinrebe vor dem Haus wurde schon 1870 gepflanzt und soll die älteste im Land sein. *Murray St., Mo–Fr 9–12.30, Sa 9–12, So 10–12 Uhr, Eintritt 15 Rand*

EINKAUFEN

Naturally The Best
Kleidung aus Wolle von Angoraziegen. *104, Caledon St.*

ÜBERNACHTEN

Andries Stockenström
Das Gasthaus hat nicht nur herrliche Zimmer, sondern auch die beste Küche. *5 Zi., 100, Cradock St., Tel./Fax 049/892 45 75, www.stockenstrom.co.za, €€*

Drostdy Hotel
Das ganz alte Haus ist sicher das schönste in Graaff-Reinets. Der Architekt Louis Michel Thibauld, der viel in den Kapprovinzen gebaut hat, entwarf es 1806 als Sitz der Nationalversammlung. Als Gast fühlt man sich in diese Zeit zurückversetzt, besonders beim Abendessen, das bei Kerzenlicht serviert wird. *51 Zi., 30, Church St., Tel. 049/892 21 61, Fax 892 45 82, www.drostdy.co.za, €€*

AM ABEND

In den beiden Bars des Drostdy Hotels treffen Sie abends die Farmer der Umgebung.

AUSKUNFT

Tourist Information Bureau
Church St., Mo–Fr 9–12.30 und 14–17, Sa 9–12 Uhr, Tel. 049/892 42 48, www.graaffreinet.co.za

ZIELE IN DER UMGEBUNG

Cradock **[120 A5]**
Cradock ist ein kleines – für die Karoo sehr typisches – Städtchen, umgeben von einer Halbwüste mit kniehohen Büschen, fast ohne Bäume. Man hat das Gefühl von unendlicher Weite. Die südafrikanische Schriftstellerin Olive Schreiner schrieb hier 1883 das Buch »Ge-

schichte einer afrikanischen Farm«. Im *Olive-Schreiner-Haus (9, Cross St.)* wird an sie erinnert. 18 viktorianische Häuser in der Market Street wurden aufwändig renoviert und gehören zu dem kleinen Hotel Insider Tipp *Die Tuishuise (36, Market St., Tel. 048/881 13 22, Fax 881 53 88, www.tuishuise.co.za, €). 150 km von Graaff-Reinet*

Mount Zebra National Park **[120 A4]**
1937 wurde der Naturpark eingerichtet, um das Überleben der Bergzebras zu sichern. Zunächst ohne viel Erfolg: 1964 gab es nur noch 25 Bergzebras, aber heute sind es über 200. Im Park leben auch andere Tiere wie Kuhantilopen und Büffel *(Auskunft Tel. 048/881 24 27). 170 km von Graaff-Reinet*

KIMBERLEY

[120 A2] Als ein Kind 1866 einen glitzernden Stein an den Ufern des Oranje fand, ahnte niemand, dass sich daraus der größte Diamantenrausch aller Zeiten entwickeln würde. Mit seinem Fund legte das Kind sozusagen den Grundstein für die Diamantenstadt. Der erste Diamant – Eureka genannt – hatte 21,75 Karat. Eine Kopie ist heute noch im Minenmuseum zu besichtigen. Zunächst suchten die Einwohner fieberhaft die Ufer ab, dann kamen immer mehr Glücksritter aus aller Welt. Die Suche nach den edlen Steinen lohnte sich nicht nur am Fluss, sondern auch in der Erde. Am Anfang war Kimberley (180 000 Ew.) nichts als eine Zeltstadt für mehrere zehntausend Diamantengräber, die ihr den Namen *New Rush,* neuer Rausch, gaben. Zu dieser Zeit, um 1870, gruben 30 000 Menschen im so genannten *Big Hole,* dem größten von Menschenhand geschaffenen Krater der Welt. Er hat einen Umfang von knapp 4,6 km und einen Durchmesser von 1,5 km. In 43 Jahren wurden in diesem Riesenloch 3 t Diamanten gefunden. Das Zeltlager entwickelte sich zu einer kleinen Stadt, der man 1873 den Namen Kimberley gab.

Ungefähr zur gleichen Zeit wurden auch auf der *De-Beers-Farm* Diamanten gefunden. Dieser Name ist bis heute untrennbar mit den kostbaren Edelsteinen verbunden: Der inzwischen weltumspannende Johannesburg-De-Beers-Konzern hat seine Ursprünge in Kimberley. Schillernde Persönlichkeiten kamen, um ein Vermögen zu machen: zum Beispiel der Pfarrerssohn Cecil Rhodes und der Kleinschauspieler Barney Barnato aus England. Sie brachten Kimberley technische und wirtschaftliche Neuerungen, etwa die erste elektrische Straßenbeleuchtung in Südafrika, eine Straßenbahn, die erste Börse und eine Flugschule.

SEHENSWERTES

Big Hole und Kimberley Mine Museum
Neben dem Krater wurden Teile der Stadt aus der Zeit des Diamantenrausches nachgebaut. Es gibt Aussichtspunkte mit Blick auf das große Loch. Im Diamantenpavillon ist die wahrscheinlich weltgrößte Sammlung von Rohdiamanten untergebracht. Der einfach »616« genannte Stein ist mit 616 Karat der größte ungeschnittene Diamant,

den es gibt. *Bulfontein St., tgl. 8 bis 18 Uhr, Eintritt 20 Rand*

Tram-Service
Die einzige Straßenbahn Südafrikas aus dem Jahr 1913 verkehrt mehrmals täglich zwischen der *City Hall* und dem *Big Hole. Fahrkarten (8 Rand) in der Bahn, tgl. 9–16 Uhr*

MUSEEN

McGregor Museum
Von Rhodes als Sanatorium gebaut, wird in dem Haus heute u. a. anschaulich gezeigt, wie die Diamantenkönige Ende des 19. Jhs. gelebt haben. Besonders gut können Sie das im *Rudd House* sehen, das dem Museum angeschlossen ist. *Atlas St., Mo–Sa 9–17, So 14–17 Uhr*

William Humphrey's Art Gallery
Private Kunstsammlung eines Diamantenbarons mit holländischen Ölbildern aus dem 16. und 17. Jh. Außerdem werden Kunsthandwerk der Zulus und Xhosas gezeigt, und es gibt eine Ausstellung mit zeitgenössischen Bildern. *Civic Centre, Cullinan Crescant, Mo–Sa 10–17, So 14–17 Uhr, Eintritt 3 Rand*

ESSEN & TRINKEN

Star of the West Pub
Das Restaurant hat eine lange Geschichte. Es gibt noch einen speziell für Cecil Rhodes angefertigten Barhocker. *West Circular Rd., Tel. 053/832 64 63, €*

ÜBERNACHTEN

Cecil Rhodes Guest House
Hier fühlen sich Gäste zurückversetzt in die Zeit des Diamantenrausches. Allerdings ist vieles auch modern, die Klimaanlage z. B. – sehr wichtig im oft heißen Kimberley. *7 Zi., 138, Du Toitspan Belgrevia, Tel. 053/830 25 00, Fax 830 25 20, www.ceciljohnrhodes.co.za., €*

Milner House
Das B & B liegt in einem ruhigen Vorort mit viktorianischen Häusern. *6 Zi., 31, Milner St., Tel. 053/ 831 64 05, Fax 831 64 07, www.milnerhouse.co.za, €*

AUSKUNFT

Tourist Information Office
Diamantveld Visitor Centre, 21, Bulfontein Rd., Mo–Fr 9–17, Sa 8–12 Uhr, Tel. 053/832 72 98, www.kimberley-africa.com

ZIELE IN DER UMGEBUNG

Augrabies Falls **[118 C1]**
Fast grenzt der *Augrabies Falls National Park* zum Schutz der Wasserfälle an Namibia. Augrabies bedeutet in der Hottentottensprache »Ort des großen Geräusches« und bezeichnet den sechshöchsten Wasserfall der Welt. Der Einsturzsee ist 130 m tief, und es kursiert das Gerücht, dass auf seinem Grund viele Diamanten liegen, die der Fluss angeschwemmt hat. Allerdings: Die Gewalt des Wasserfalls macht jeden Tauchversuch unmöglich. *Etwa 400 km von Kimberley*

Barkly West **[119 F1]**
Hier begann die Jagd nach Reichtum. Und noch heute trifft man auf Diamantensucher. Wer sein Glück probieren möchte, kann zwischen Juni und September bei der Polizei eine Genehmigung bekommen und

Springböcke im Kgalagadi Transfrontier Park

sich selbst auf die Suche begeben. Samstags bringen die Erfolgreichen ihre Funde zum Verkauf in die Stadt. Manche Diamanten landen auch im archäologischen *Freilichtmuseum (tgl. 9–16 Uhr, Eintritt 5 Rand). 20 km von Kimberley*

Kgalagadi Transfrontier Park **[114–115 C–D 2–4]**

★ Der Park ist das größte unberührte Ökosystem der Welt. Zusammen mit dem Botswana National Park hat er eine Fläche von über 2 Mio. ha. Hier tummeln sich unter anderem Löwen, Geparde, Füchse, Gemsböcke, Springböcke und Antilopen. Empfehlenswert für einen Besuch ist die Zeit von März bis Mai oder September und Oktober. In drei Camps gibt es Hütten zur Übernachtung *(auf der B 3 über Upington Richtung Botswana, Tel. 012/343 19 91). 350 km von Kimberley*

Magersfontein Battlefield **[120 A2]**

30 km südlich von Kimberley liegt eines der bekanntesten Schlachtfelder der Kriege zwischen Engländern und Buren – mit einem *Museum (tgl. 8–17 Uhr, Eintritt 5 Rand).* Am westlichen Ende des Schlachtfelds liegt das Gästehaus *Langberg Guest Farm (5 Zi., Beaconsfield, Tel./Fax 053/832 10 01, www.langberg.co.za, €).*

Tswalu **[115 E4]** Insider Tipp

Das größte private Naturreservat (900 km^2) im südlichen Afrika gehört der Diamantenfamilie Oppenheimer. Die Zimmer der Lodge sind sehr luxuriös. Als eine der Attraktionen gilt, Nashörner zu Fuß zu verfolgen. *(9 Zi., in der Nähe von Kuruman, Tel. 053/781 92 11, Fax 781 92 38, www.tswalu.com, €€€). 210 km von Kimberley*

KNYSNA

[119 E6] Charmanter und farbenfroher Ort an der Garden Route. Knysna (51 000 Ew.) liegt zwischen Bergen an einer Lagune und ist von ausgedehnten Wäldern umgeben. Die Stadt wurde 1804 von George Rex gegründet. Sein aufwändiger Lebensstil stützte die Vermutung, er sei der illegitime Sohn des englischen Königs George III., der Großbritannien hatte verlassen müssen. Eines der George-Rex-Schiffe durchfuhr als erstes die Verbindung zwischen Lagune und Meer, die von zwei großen Sandsteinfelsen – den *Knysna Heads* – flankiert wird. In der 13 km^2 großen Lagune werden erstklassige Austern gezüchtet.

SEHENSWERTES

Mitchell's Knysna Brewery
Vier Biersorten werden hier hergestellt. Wochentags wird um 10.30 Uhr eine Führung durch die Brauerei angeboten. *Vigilance Drive, Tel. 044/382 46 55, Eintritt 20 Rand*

MUSEUM

Millwood House Museum
Ausstellung zur Stadtgeschichte. *Lower Queen St., Mo–Fr 9.30–16.30, Sa 9.30–12.30 Uhr, Eintritt frei*

ESSEN & TRINKEN

Oyster Company
Hier sucht man sich fangfrische Austern selbst aus. *Long St., Thesens Island, Tel. 044/382 69 41, €*

Paguritas
Direkt an der Lagune unterhalb der Knysna Heads werden die Spezialitäten des Hauses serviert: fangfrischer Fisch und Pizza. *The Heads, Tel. 044/384 04 08, €*

Insider Tipp **Pink Umbrella**
Früher wurde nur im wunderschönen Garten serviert, jetzt gibt es auch ein kleines Speisezimmer. *Leisure Island, 14, King's Way, Tel. 044/384 01 35, nur mittags, €*

EINKAUFEN

Mackintosh's
Altmodischer Eckladen mit einem wunderbaren Angebot an Lebensmitteln. *Thesens House, 6, Long St.*

Kluyts & Co
Die handgefertigten Holzmöbel aus Knysna sind berühmt. Mit Bedacht und umweltgerecht werden die Bäume, die verarbeitet werden, in den Wäldern ausgesucht. Kluyts & Co. ist eine der ältesten Schreinereien der Stadt. *18, Grayst.*

ÜBERNACHTEN

Falcons View Manor
Hotel hoch über der Lagune in einem großen Garten mit toller Aussicht. *10 Zi., 2, Thesens Hill, Tel. 044/382 67 67, Fax 382 64 30, www.falconsview.com, €€*

Knysna Home Stays
Wenn Sie eine Nacht in einem afrikanischen Township verbringen möchten, ist Knysna Home Stays das Richtige. Sie leben bei einer Familie und teilen auch die Mahlzeiten Ihrer Gastgeber. *Tel. 044/382 55 10, €*

Overmeer Guest House Insider Tipp
Übersetzt heißt das Gästehaus »Über dem Meer«. Sehr passend, denn es bietet einen Panoramablick über die Lagune und die umliegenden Hügel. *15 Zi., 36, Meyer St., Tel. 033/382 38 48, Fax 382 17 16, www.overmeergh.co.za, €*

Phantom Forest Eco Reserve Insider Tipp
Luxuriöse Baumhäuser in einem Naturreservat. *15 Zi., 7 km außerhalb von Knysna an der N 2, Tel. 044/386 00 46, Fax 387 19 44, www.phantomforest.com, €€€*

AM ABEND

Tin Roof Blues
Hier wird die beste Livemusik der Garden Route geboten. Jeden Abend spielen Bands Jazz, Blues, Rock und Reggae. *Main St., zwi-*

Strandleben vom Feinsten in Plettenberg Bay

schen Long und St. Georges St., Tel. 044/382 08 64

FREIZEIT & SPORT

Der Wanderweg Elephant Walk führt über 21 km durch die Knysna-Wälder. Die Chance, einen Elefanten zu sehen, ist jedoch gering. Für Golfer: *Knysna Golf Club (Tel. 044/384 11 50)* und der spektakulär gelegene *Club Sparrybosch (Tel. 044/382 52 62)*. Dazu Wassersport aller Art. Etwas Besonderes: Übernachtung auf einem der Hausboote, die vermietet werden: *Lightley's Holiday Houseboats (Tel. 044/386 00 07, Fax 386 00 18, www.houseboats.co.za, €)*. Segelboote vermietet *Knysna Waterfront Sailing Charters (Knysna Quays, Tel. 044/82 55 20)*.

AUSKUNFT

Knysna Tourism
40, Main St., Mo–Fr 8–17, Sa 8.30–13, So 9–13 Uhr, Tel. 044/382 55 10, www.visitknysna.com

ZIELE IN DER UMGEBUNG

Plettenberg Bay **[119 E6]**
★ Der portugiesische Entdecker Mesquita da Perestrelo gab dem Ort (25 km von Knysna) 1576 den Namen *Bahia Formosa*, schöne Bucht. 1778 kam Joachim von Plettenberg als Gouverneur. Später wurde die Stadt nach ihm benannt. Heute ist Plettenberg Bay ein exklusives Seebad mit drei herrlichen Stränden, die sich über 7 km erstrecken und gute Badestellen für Kinder bieten. Durchschnittlich scheint an 320 Tagen im Jahr die Sonne. Zwischen Juli und September bringen die Wale in der Bucht ihre Jungen zur Welt.

Das Hotel *Kurland*, umgeben von Polofeldern, ist edel eingerichtet und sehr kinderfreundlich. Für die Kleinen gibt es einen Extrabereich mit riesigem Spiel- und Fernsehzimmer, zwei Schwimmbäder, einen Tennis- und einen Spielplatz und ein eigenes Speisezimmer mit Pizzaofen *(12 Zi., Tel. 044/53 44 80 82, Fax 534 86 99, dkurland@mweb.co.za, €€€)*. Insider Tipp

Das *Plettenberg Park* ist eines der schönsten Hotels Südafrikas. In einem privaten Naturpark liegt es direkt an der Steilküste. Für die Gäste wurde eigens ein Sandstrand angelegt *(10 Zi., neben dem Robberg Reserve, Tel. 044/533 90 67, Fax 533 90 92, www.plettenbergpark.co.za, €€€)*.

Das *Bosavern Guest House* liegt oberhalb der Stadt. Die großzügigen Zimmer sind modern eingerichtet und haben eigene Terrassen *(5 Zi., 38, Cutty Sark Ave., Tel. 044/533 13 12, Fax 533 07 58, www.bosavern.co.za, €)*.

Ein empfehlenswertes Restaurant im kurz »Plett« genannten Ort ist *Brothers (Ecke Main Rd./Marine Drive, Tel. 044/533 50 56, €€)*. Insider Tipp Gleich gegenüber liegt die *Lipschitz Galerie* mit einer tollen Auswahl an Arbeiten südafrikanischer Künstler *(www.southafricanart.co.za)*.

Insider Tipp Das Naturreservat *Buffalo Hills* liegt nur 15 km außerhalb des Städtchens. Eine preiswerte Möglichkeit, u. a. Nashörner, Giraffen und Zebras zu beobachten. Übernachten können Sie in Hütten *(Tel. 044/535 97 39, Fax 535 94 80, www.buffalohills.co.za, €€)*.

Tsitsikamma National Park **[119 F6]**

Das Naturschutzgebiet schließt neben dem Küstenstreifen auch eine 5-km-Zone des vorgelagerten Meeres ein. Landeinwärts liegt der Tsitsikamma Forest National Park, in dem ein Teil der ursprünglichen Wälder erhalten ist. Beeindruckend ist die *Paul-Sauer-Brücke.* 192 m lang, überspannt sie den Stormsriver in 139 m Höhe. Von der Brücke haben Sie einen phantastischen Blick. Wer in dieser schönen und grünen Landschaft eine Nacht verbringen möchte, kehrt ein im *Old Village Inn (49 Zi., Stormsrivier, Tel. 042/281 17 11, Fax 281 16 69, www.village-inn.co.za, €)*. Für Abenteuerlustige lohnt sich ein Besuch bei *Stormsriver Adventure.* Sie

Abenteuerliche Hängebrücke im Tsitsikamma National Park

bieten Wassersport, Reiten und Bergsteigen an *(Tel. 042/281 18 36, www.stormsriver.com)*.

LANGEBAAN

[118 B5] Dieser kleine verträumte Ort (4600 Ew.) liegt an der Langebaan-Lagune, die 16 km ins Landesinnere reicht und ein wahres Paradies für Vogelliebhaber ist. Im Sommer leben hier bis zu 55 000 Vögel, unter anderem Flamingos und Kormorane. Wassersportler, Angler und Taucher schätzen Langebaan als Ferienort, nicht zuletzt wegen des warmen Wassers.

SEHENSWERTES

West Coast National Park

★ Der kleine Nationalpark ist ein Feuchtbiotop zum Schutz gefährdeter Vogelarten. Er umfasst die Lagune und den größten Teil des umliegenden Landes. *Tel. 022/772 27 98*

ESSEN & TRINKEN

Insider Tipp **Strandloper**

Rustikales Restaurant direkt am Strand. Der Fisch wird über dem offenen Feuer zubereitet. *Beach, Tel. 022/772 24 90, €*

ÜBERNACHTEN

Farmhouse Langebaan

Das Hotel ist teilweise in einem alten Farmhaus untergebracht, das einen eindrucksvollen Blick über die Lagune bietet. Von der Terrasse können Sie Flamingos beobachten. *15 Zi., 5, Egret St., Tel. 022/772 20 62, Fax 772 19 80, www.thefarmhouselangebaan.co.za, €*

AUSKUNFT

Langebaan Tourism Bureau

Ecke Bree und Hoof St., Mo–Fr 9.30–16.30, Sa 9.30–12 Uhr, Tel. 022/772 15 15, www.langebaaninfo.com

ZIEL IN DER UMGEBUNG

Paternoster **[118 B5]**

Ein romantischer Fischerort. Nahe am Meer liegt das *Paternoster Hotel* Insider Tipp *(10 Zi., Tel. 022/752 27 03, Fax 752 27 550, €)*, direkt am Strand das zünftige Restaurant *Die Voorstrandt (Tel. 022/752 20 38, €). 40 km von Langebaan*

PORT ELIZABETH

[120 A6] Obwohl die Engländer hier schon 1799 ein Fort bauten, entstand die Siedlung erst 1820. Benannt wurde die Hafenstadt (1,2 Mio. Ew.) nach der Ehefrau ihres Gründers, Sir Rufane Donkin. In Südafrika wird der Ort meist nur »PE« genannt.

Port Elizabeth ist ein Wirtschaftszentrum und traditioneller Hauptstandort der Automobilindustrie: Mercedes, Opel und Volkswagen produzieren hier. Dennoch hat die Stadt ihren viktorianischen Charme bewahrt und ist ein beliebtes Ferienziel. Sie erstreckt sich über 16 km entlang der Algoa-Bucht mit herrlichen Sandstränden.

SEHENSWERTES

Apple Express

Diese Dampflok zuckelt auf einer Schmalspurstrecke von Port Elizabeth nach Thornhill und zurück. Einen herrlichen Blick haben Sie von der Van-Staden-River-Brücke. Die Fahrgäste dürfen vor der Fahrt über die Brücke aussteigen, um Fotos von der Lok zu machen. *Humewood Station, Humewood Rd., die Bahn fährt dreimal im Monat, Tel. 041/507 23 33, Fahrt 60 Rand*

Campanile

Der Turm erinnert an die Landung der britischen Siedler. Er ist 53 m hoch und bietet eine gute Aussicht über die Stadt. Das Spiel der 23 Glocken erklingt um 8.22, 13.32, 18.02 Uhr. *Strand St., Di–Sa 9–12.30 und 13.30–17, So, Mo 14–17 Uhr*

MUSEEN

Bayworld Main Museum

Neben der Ausstellung zur Geschichte der Stadt ist ein Teil des Museums dem Leben der Xhosa-Stämme gewidmet. Es gibt außerdem eine naturwissenschaftliche Abteilung mit Tierexponaten. *Humewood Rd., tgl. 9–17 Uhr, Eintritt 10 Rand*

No. 7 Castle Hill Museum

Museumskomplex mit Siedlerhaus aus dem Jahr 1827. *7, Castle Hill St., Mo–Fr 8.30–13, 14–16.30 Uhr, Eintritt 6 Rand*

ESSEN & TRINKEN

The Bell

Alteingesessenes Restaurant, in dem in elegantem Ambiente französische Gerichte serviert werden. *Beach Hotel, Marine Drive, Tel. 041/583 21 61,* €€€

Blue Cactus Café

Hier können Sie zwischen 20 verschiedenen Arten zu frühstücken wählen. Leichte Mittagessen werden auch angeboten. *Abends geschl., 4th Ave., Newton Park, Tel. 041/365 43 36,* €€

34° South

Restaurant mit schönem Blick im Boardwalk Komplex. Besonders zu empfehlen sind die Fischvorspeisen. *Boardwalk Casino and Entertainment Complex, Marine Drive, Tel. 041/583 10 85,* €€

Rathaus mit weiträumigem Marktplatz in Port Elizabeth

Show Houses

Es gibt nichts Schöneres als zu sehen, wie andere Leute leben

Eine beliebte Sonntagsbeschäftigung der Südafrikaner ist der Besuch eines der »Show Houses«. Die verkaufswilligen Eigentümer dieser Häuser erlauben Interessenten am Sonntagnachmittag die Besichtigung. Aber auch viele Neugierige, die keineswegs an einem Kauf interessiert sind, werden durch große Schilder vor den Immobilien oder aufwändige Anzeigen angelockt und schauen sich in aller Ruhe um.

EINKAUFEN

Bridge Shopping Centre
Großes Einkaufszentrum, in dem Sie alles bekommen. *Cape Rd.*

Wezandla Gallery and Craft Centre
Die Galerie ist auf lokale Kunst und Kunsthandwerk spezialisiert. *27, Baakens St. Central, Tel. 041/585 11 85*

ÜBERNACHTEN

The Beach Hotel
In der Nähe des Casinos, direkt an der berühmten *Hobie Beach* liegt dieses elegante Strandhotel mit einer schönen Frühstücksterrasse. *58 Zi., Marine Drive, Tel. 041/583 21 61, Fax 583 62 20, www.pehotels.co.za,* €€

Edward Hotel
Das Edward liegt in der Altstadt, am Donkin Reserve, mit einem schönen Blick auf Hafen und Stadt. Restaurant, Bar. *116 Zi., Belmont Terrace, Tel. 041/586 20 56, Fax 586 49 25, www.proteahotels.co.za,* €

FREIZEIT & SPORT

Windsurfausrüstungen gibt's an fast jedem Strand. Sie können auch tauchen. Es gibt Schiffswracks, in denen Sie nach Schätzen suchen können *(Pro Dive, Tel. 041/368 78 80).* Außerdem: Sandboarding wird an den langen Stränden von Port Elizabeth immer beliebter *(Auskunft Tel. 041/586 22 76).*

AM ABEND

Ekhaya – African Jazz
Afrikanische Jazzclub gegenüber des Edward Hotels. *2, Weston Rd., Tel. 041/586 11 56*

Tapas al Sol
Besonders an warmen Sommerabenden macht es Spaß auf dem großen Balkon zu tanzen. *Brookes Pavillion, Marine Drive, Tel. 041/586 21 59*

AUSKUNFT

Tourist Information
Donkin Lighthouse Building, Mo–Fr 8–16.30, Sa 9.30–15.30 Uhr, Tel. 041/585 88 84, www.ibhayi.com

ZIELE IN DER UMGEBUNG

Addo Elephant National Park [120 A6]

★ Mehr als 200 Elefanten leben auf rund 9000 ha Buschland 60 km von Port Elizabeth. Sie werden gezüchtet, weil sie in den 1920er-Jahren auszusterben drohten. Nur elf von ihnen lebten noch, als der Park 1931 zu ihrem Schutz eingerichtet wurde. Neben den Dickhäutern gibt es etliche weitere Tierarten, u. a. Büffel, Nashörner und Antilopen *(ganzjährig geöffnet, die Tore werden um 19 Uhr geschl.)*.

5 km entfernt liegt das elegante Landhotel *Woodall Country House (6 Zi., Jan Smuts Ave., Tel./Fax 042/233 01 28, www.woodall-addo.co.za)*.

Grahamstown [120 B5]

Einmal im Jahr während der Semesterferien im Juli verwandelt sich die kleine Universitätsstadt in einen Festivalort mit Besuchern aus aller Welt. Geboten werden u. a. Theater, Oper, Chansons, Straßenfest *(Tourismusbüro Tel. 046/622 32 41)*. Der Ort entstand aus dem Stützpunkt, der 1812 von englischen Soldaten gegen die Xhosa-Stämme eingerichtet wurde. 1820 kamen die ersten Siedler. In einigen der Häuser, die sie bauten, können heute Besucher übernachten *(Settlers Hill Cottages, 10 Zi., 8, Bartholomeu St., Tel. 046/622 97 20, www.imaginet.co.za/settlershillcottages. €)*. Edler ist die Unterbringung im *7 Worcester St. (10 Zi., 7, Worcester St., Tel. 046/622 28 43, Fax 622 28 46, www.worcesterstreet.co.za, €€). 110 km von Port Elizabeth*

Jeffrey's Bay [120 A6]

Der kleine Küstenort hat die besten Wellen zum Surfen in Südafrika. Aber der schöne Strand ist auch einladend für Nichtsurfer. Das hübscheste B & B im Ort ist das *Mount Joy Guest House (4 Zi., 31, Mimosa St., Tel./Fax 042/296 19 32, petrelis@intekom.co.za, €). 75 km von Port Elizabeth*

Kwandwe [120 B5]

Der private Wildpark liegt nur 30 km von Grahamstown und bietet Besuchern in einer malariafreien Gegend die *Big Five:* Löwe, Leopard, Elefant, Büffel und Nashorn. Die eleganten Hütten stehen am Ufer des Fish Rivers *(12 Zi., Heatherton Towers, Tel. 011/809 43 00, Fax 809 44 00, www.ccafrica.com, €€€). 100 km von Port Elizabeth*

Aufmarsch der Elefanten im Addo Elephant National Park

BP
Shell
BOAT TRIPS ON CONDOR

Herrliche Stadt mit attraktivem Umland

Anmutige Buchten, sattes Weinland und gewaltige Bergketten – alles nah beieinander

Kapstadt ist eine urbane Schönheit, mit exklusiven Vororten und dem Hafen in der Tafelbucht. Die Kaphalbinsel ist aber im Ganzen ein herrliches Reiseziel: mit kleinen, verträumten Fischerorten, wunderschönen Küstenstraßen, herrlichen Stränden, Naturschutzgebieten und dem Kap der Guten Hoffnung. Die Halbinsel südlich von Kapstadt ist 51 km lang und nie breiter als 16 km. Mit den Bergketten, die an beiden Seiten von Ozeanen gesäumt sind, ist die *Peninsula* allein eine Reise wert.

Schon in den nördlichen Vororten Kapstadts beginnt das Weinland mit Landsitzen im kapholländischen Stil. Hier wird seit über 300 Jahren erstklassiger Wein angebaut. Die Anbaugebiete dehnen sich immer weiter aus. Nicht nur in den traditionellen Weinorten wie Stellenbosch, Franschhoek, Paarl, Robertson und Worcester wird Wein produziert, sondern auch an der Westküste und in den klassischen Obstanbaugebieten um Grabouw.

Hermanus ist der Lieblingsort der Kapstädter für einen Wochenendausflug oder für die Weihnachtsferien. Das Wasser ist hier wärmer als im Atlantik vor der Metropole, und die langen weißen Strände laden zum Spaziergang ein.

Die Downtown von Kapstadt zu Füßen des Tafelbergs

Musiker beim Coon Carnival

KAPSTADT (CAPE TOWN)

Karte in der hinteren Umschlagklappe

[118 B5–6] Selbst weit gereiste Besucher meinen, Kapstadt (3 Mio. Ew.) sei die schönste Stadt der Welt, und die Bewohner sind sowieso davon überzeugt. Von der besten Seite zeigt sich Cape Town, wenn Sie mit dem Schiff ankommen: Der Anblick der Stadt, die sich die Hänge hinaufzieht, ist überwältigend. Dazu der Tafelberg, von Dezember bis April oft morgens mit

Auf dem Markt in Kapstadt dominieren kräftige Farben

einem Tischtuch aus Wolken bedeckt, das über den großen flachen Berg fällt. Auf der Stadtseite der Tafelbucht liegt der Hafen. Er wurde auf Grund des felsigen Bodens weit ins Meer gelegt, weil man anders nicht die nötige Tiefe bekommen hätte. Der älteste Teil um das Viktoria- und Alfred-Becken ist heute ein Unterhaltungsviertel mit Theatern, Museen und Restaurants.

Kapstadt ist die »Mutterstadt« Südafrikas, die älteste Stadt des Landes. Als Jan van Riebeeck 1652 mit seiner kleinen Flotte und 125 Pionieren, darunter vier Frauen, hier ankam, wollte die Niederländisch-Ostindische Handelskompanie einen Nachschubhafen für Schiffe auf dem Weg in den Osten errichten. Mit der Ernennung von Simon van der Stel zum Kommandanten 1679 verwandelte sich der isolierte Handelsposten in eine florierende Kolonie.

Kapstadt lebt hauptsächlich vom Tourismus und vom Hafen. Das Parlament hat hier seinen zeitweiligen Sitz. Als die Südafrikanische Union 1910 gegründet wurde, bestimmten die Gründungsväter zwar Pretoria zum Regierungssitz, legten aber fest, dass das Parlament ab Februar sechs Monate in Kapstadt tagen soll. Heute sind die Sitzungswochen der Abgeordneten flexibler. Man trifft sich nach Bedarf.

Die Kapstädter sind fröhliche Menschen und verstehen es, das Leben zu genießen. Verwöhnt von der Schönheit der Umgebung und den vielen Möglichkeiten, sich einen netten Tag zu machen, verweigern sie sich dem Stress. Alles hat Zeit, und alles braucht Zeit. So regt sich niemand auf, wenn minutenlang in der engen City gewartet werden muss, weil jemand umständlich einparkt. Besucher aus anderen Landesteilen nennen diese

Einstellung das »Kap-Koma«. Schon mancher Geschäftsmann aus Johannesburg, für den Zeit Geld bedeutet, ist hier verzweifelt.

SEHENSWERTES

Bo Kaap (Malay Quarter) [U B3]
Die kleinen bunten Häuser wurden vor 150 Jahren von Sklaven aus Malaysia gebaut und bewohnt. Noch heute leben hier viele ihrer Nachfahren, aber seit dem Ende der Apartheid ist das Bo Kaap ein Schmelztiegel aller Hautfarben, Kulturen und Religionen.

Castle of Good Hope [U C5–6]
Diese Burg von 1666 war die Residenz der ersten Gouverneure am Kap. Sie ist das älteste Gebäude Südafrikas und wurde zum Schutz der ersten Siedler als Fort mit Kanonenschächten gebaut. Hier sind eine Afrikanasammlung (Exponate aus der ersten Zeit der Besiedlung) untergebracht und ein Militär- und Heeresmuseum. Außerdem ist es das Hauptquartier der südafrikanischen Armee in Kapstadt. *Castle St., tgl. 10–16 Uhr, Führungen um 10, 11, 12, 14 und 15 Uhr, Dez. bis Jan. alle 30 Min., Eintritt 15 Rand*

Groot Constantia [O]
Dieses historische Weingut ist das älteste in Afrika. Das Herrenhaus ist ein besonders beeindruckendes Beispiel kapholländischer Architektur. *Groot Constantia Rd., Museum tgl. 9–17 Uhr, Eintritt 20 Rand, Weinprobe und Restaurant (€) tgl. 9 bis 16.30 Uhr, Tel. 021/794 51 28*

Kirstenbosch Botanischer Garten [O]
★ An den östlichen Hängen des Tafelbergs zwischen 100 und 1000 m Höhe liegen die berühmten botanischen Gärten Kapstadts: Kirstenbosch. Auf 528 ha wachsen fast alle Blumen des Landes. Im Gewächs-

MARCO POLO Highlights »Kapstadt und Umgebung«

★ **Tafelberg**
Mit einer Gondel auf den über 1000 m hohen Berg (Seite 48)

★ **Stellenbosch**
Reizvolle Stadt mit historischem Stadtkern von Wein umgeben (Seite 58)

★ **KWV**
Interessante Kellertouren beim größten Weinproduzenten des Landes in Paarl (Seite 57)

★ **Kirstenbosch Botanischer Garten**
Am schönsten im Frühling, also August bis Oktober (Seite 47)

★ **Kap Agulhas**
Hier treffen Indischer und Atlantischer Ozean zusammen (Seite 53)

★ **Kap der Guten Hoffnung**
Großartige Aussichtspunkte mit Blick aufs Meer und die Kaphalbinsel (Seite 52)

Spektakulärer Blick vom 3 km breiten Plateau des Tafelbergs

haus, der *Glaskathedrale* gibt es ein gutes Restaurant *(€)*. Die schönste Zeit für einem Besuch ist von August bis Oktober, im südafrikanischen Frühling *(Sept.–März tgl. 8–19 Uhr, April–Aug. tgl. 8–16 Uhr, Eintritt 15 Rand, auf der M 3 in Richtung Constantia fahren und dann rechts in den Rhodes Drive)*.

Parlament und Tuynhuis **[U A–B4]**
Auf der südlichen Seite der Government Avenue sehen Sie die Rückseite des Parlaments, das in den Tagungsmonaten nur nach Voranmeldung besichtigt werden kann. Daneben, in einem botanischen Garten, liegt das Tuynhuis, der Amtssitz des Präsidenten aus dem Jahr 1751. *Führungen in der Parlamentsferien Mo–Fr stündlich 9–12 Uhr, Eintritt frei, Pass nicht vergessen!, Tel. 021/403 29 11*

St. George's Cathedral **[U B4]**
Viktorianische Kathedrale der Anglikaner und Sitz des Erzbischofs. Friedensnobelpreisträger Desmond Tutu hat hier in den letzten Jahren der Apartheid seine kritischen Predigten gehalten. *Ecke Queen Victoria/ Wale St., Mo–Fr 6.30–17.30, Sa und So 6.30–13 Uhr*

Tafelberg **[O]**
★ In fünf Minuten erreicht die sich um 360 Grad drehende Gondel der Seilbahn den Gipfel des Tafelbergs, 1086 m über der Stadt. Die Aussicht ist atemberaubend. Sie überblicken die Kaphalbinsel fast vollständig. Die Seilbahn fährt das ganze Jahr, vorausgesetzt, das Wetter spielt mit. Meist heißt das in Kapstadt, es darf nicht windig sein. *Tafelberg Rd., Bahn Dez.–April tgl. 8.30–22, Mai–Nov. tgl. 8.30–17 Uhr, hin und zurück 68 Rand*

Victoria & Alfred Waterfront **[U F1–2]**
Dieser älteste Teil des Hafens wurde nach der englischen Königin Viktoria und ihrem zweiten Sohn Alfred benannt, der 1860 den Grund-

stein für das neue Hafenbecken legte. Aber die Namen werden so gut wie nie ausgesprochen: Man sagt kurz *V + A Waterfront.* Hier sind Restaurants für jeden Geschmack, Museen, Hotels, Theater und Kinos zu finden. In den beiden Einkaufszentren hat jedes gute Kapstädter Geschäft eine Filiale. Einen Besuch lohnt das sensationelle *Two Oceans Aquarium (tgl. 9.30–18 Uhr, Eintritt 45 Rand)*, in dem Meeresbewohner zweier Ozeane leben. *Waterfront Visitors Center, Tel. 021/408 76 00, www.waterfront.co.za*

MUSEEN

District Six Museum **[U B5]**
Fotoausstellung über die gewaltsame Vertreibung aller Bewohner dieses Stadtteils durch die Apartheidregierung. *25A, Buitenkant St., Mo–Sa 9–16 Uhr, Eintritt 5 Rand*

Insider Tipp **Gold of Africa Museum** **[U C3]**
Die Anglo-Gold-Gruppe kaufte 2001 das historische Martin Melck House, um dort die bedeutende Sammlung westafrikanischer Goldkunstwerke aus dem Babier-Müller-Museum in Genf zu zeigen. Außerdem werden historische Goldschmuckstücke aus dem südlichen Afrika gezeigt. *96, Strand St., Mo bis Sa 10–17 Uhr, Eintritt 20 Rand*

Jewish Museum **[U A5]**
Ausstellung über das Leben der jüdischen Gemeinde in Südafrika in den letzten 150 Jahren. Gleich daneben ist das *Holocaust Center*, das die Schicksale jüdischer Familien zeigt, die während der Hitlerdiktatur nach Südafrika geflohen sind. *88, Hatfield St., So–Do 10–17, Fr 10–14 Uhr, Eintritt 30 Rand*

Robben Island Museum **[O]**
Wer die Gefängnisinsel besuchen möchte, auf der Nelson Mandela und andere politische Gefangene inhaftiert waren, sollte rechtzeitig die Fähre *(tgl. 9–15 Uhr stündlich)* buchen. Die Tour dauert drei Stunden. *Clocktower Terminal, Waterfront, Tel. 021/419 13 00, Fax 419 19 57, booking@robben-island.org.za, Eintritt 100 Rand*

South African National Gallery **[U A4–5]**
Das bedeutendste Kunstmuseum Südafrikas stellt neben südafrikanischen auch afrikanische und europäische Kunst aus. *Government Ave., Gardens, Di–So 10–17 Uhr, Eintritt 5 Rand*

ESSEN & TRINKEN

Baia **[U F1]**
An einem sonnigen Tag gibt es keinen besseren Platz zum Mittagessen als die große Terrasse des Baia an der Waterfront. Über den Hafen schweift der Blick bis zum Tafelberg. Auch das Essen ist ausgezeichnet. *Upper Level V + A Waterfront, Tel. 021/421 09 35,* **€€€**

Beluga **[U D2]**
Modernes Restaurant in einer aufgemöbelten Fabrikanlage in Green Point. Spezialität: Schaltiere. *The Foundry Building, Prestwich St., Tel. 021/418 29 48,* **€€**

Buitenverwachting **[O]**
Ausgezeichnetes Restaurant umgeben von Weinbergen im Vorort Constantia. Auch die Buitenverwachting-Weine sind zu empfehlen. *Klein Constantia Rd., Tel. 021/794 35 22,* **€€€**

Blick auf die Kaianlagen in der Waterfront

Marco's Africa Place **[U C3]**
Das Beste aus den Kochtöpfen Afrikas. *15, Rose Lane, Bo Kaap, Tel. 021/423 54 12,* €

Insider Tipp **Mario's** **[O]**
Seit über 30 Jahren kocht die Familie Marzagalli die besten italienischen Gerichte in Kapstadt. Die Preise sind sehr freundlich. *89, Main Rd., Tel. 021/439 66 44,* €

Rozenhof **[U A4]**
Besitzer Robert bietet seinen Gästen seit Jahren konstant gute Küche. Das Menu richtet sich nach dem Angebot an frischer Ware. *18, Kloof St., Gardens, Tel. 021/424 19 68,* €€

EINKAUFEN

African Craft Market **[O]**
10 km von der Innenstadt im Township Khayelitsha. Authentisches Kunsthandwerk von schwarzen Südafrikanern. Kleinbusbesitzer Peter bringt täglich Kunden zum Markt. *Tel. 083/310 64 54*

AVA **[U B4]** Insider Tipp
Gemeinnützige Galerie, die von bekannten südafrikanischen Künstlern wie Zwelethu Mthetwa unterstützt wird. Mthetwa wurde hier entdeckt. *35 Church St., Tel. 021/424 43 48*

Cape Cobra **[U D2]**
Fabrikgeschäft für hervorragende Taschen und Gürtel aus afrikanischem Leder, z. B. von Straußen. *Hill House, 4th Floor, 43, Somerset Rd., Green Point, Tel. 021/415 34 40*

Uwe Koetter Jewellers **[U D3]**
Edlen Schmuck zu vernüftigen Preisen gibt es bei dem aus Hamburg stammenden Juwelier Uwe Koetter. *Amway House, 4th Floor, Dock Rd., Foreshore, Tel. 021/425 77 70, www.uwekoetter.co.za*

ÜBERNACHTEN

Cape Standard **[O]**
Jedes Zimmer ist individuell eingerichtet. Alles hat eine klare Linie. Kleiner Garten mit winzigem Schwimmbad. Wenn man über die Büsche blickt, sieht man das Meer. *8 Zi., 3, Romney Rd., Greenpoint, Tel. 021/430 30 60, Fax 439 63 32, www.capestandard.co.za, €*

Kopanong B&B **[O]**
Pension im Township Khayelitsha. Die Besitzerin Thope bietet Führungen durch schwarze Vororte. *3 Zi., C329 Velani Crescent, Tel./Fax 021/361 20 84, kopanong@xsinet.co.za, €*

Mount Nelson **[O]**
Berühmtes Kolonialhotel unterhalb des Tafelbergs, umgeben von einem herrlichen Garten mit zwei Schwimmbädern und Tennisplätzen. *236 Zi., 76 Orange St., Gardens, Tel. 021/483 10 00, Fax 483 17 82, www.mountnelsnon.orient-express-com, €€€*

The Place on the Bay **[O]**
Liegt direkt an der Uferpromenade des schicken Vororts Camps Bay. *29 Zi., Victoria Rd, Camps Bay, Tel. 021/438 70 60, Fax 438 25 04, www.ThePlaceOnTheBay.co.za, €€*

Insider Tipp **Train Lodge** **[U D5]**
Lustig und sehr preiswert mitten in der Stadt, gleich hinter dem Bahnhof. Die Zimmer sind ehemalige Schlafwagen, und das Frühstück wird in einem Speisewagen serviert. Es gibt sogar ein Schwimmbad. *60 Zi., Old Marine Drive, Tel. 021/418 48 90, Fax 418 58 48, www.trainlodge.co.za, €*

Victoria & Alfred Hotel **[U F1]**
Im Waterfront-Zentrum. Die oberen Zimmer haben eine tolle Aussicht. *42 Zi., Pierhead, Tel. 021/419 66 77, Fax 419 89 55, www.vahotel.co.za, €€*

Villa Belmonte **[O]**
Das kleinste Fünf-Sterne-Hotel Südafrikas. Mit allem, was die großen auch haben. *14 Zi., 33, Belmont Rd., Oranjezicht, Tel. 021/462 15 76, Fax 462 15 79, villabel@iafrica.com, €€*

FREIZEIT & SPORT

Im Hafen kann man Segelboote oder Hochseeyachten mieten *(Buchungen Tel. 021/408 76 00)*. Auch Hochseefischen wird angeboten *(Tel. 021/418 07 82)*. Wer in Kapstadt Golf spielen möchte, findet dafür gute Möglichkeiten. Wenden Sie sich an den *Royal Cape Golf Club (Tel. 021/761 65 51)*. Die vier Clifton-Strände sind die schönsten Kapstadts. Immer windgeschützt, laden sie zum Sonnenbaden und Wellenreiten ein.

AM ABEND

Am meisten ist in den Lokalen der *Waterfront* **[U F1–2]** im Hafen los oder in der *Long* und *Kloof Street* **[U A4]**. Außerdem zu empfehlen:

Baraza **[O]**
Bar mit Meerblick. *Victora Rd., Camps Bay, Tel. 021/438 17 58*

Kennedy's **[U A4]**
Hier gibt es gute Musik, leichte Snacks, leckere Drinks und vor allen Dingen Zigarren. *251, Long St., Tel. 021/424 12 12*

Fast immer weht ein kräftiger Wind am Kap der Guten Hoffnung

Rhodes House **[U B4]**
Da der schicke Club 60 Rand Eintritt kostet, treffen sich hier auch Nachtschwärmer, die nicht mehr zur Uni gehen. *80, Queen Victoria St., Do–Sa, Tel. 021/424 88 44*

AUSKUNFT

Cape Town Tourism **[U C4]**
Ecke Berg/Castle St., Mo–Fr 8–18, Sa 8.30–14, So 9–13 Uhr, Tel. 021/426 42 60, Fax 426 42 66, www.cape-town.org

Tourism Centre Waterfront **[U E2]**
Clock Tower Precinct, Tel. 021/405 45 00

ZIELE IN DER UMGEBUNG

Insider Tipp **Chapman's Peak Drive** **[118 A–B 5–6]**
Der Weg von *Hout Bay* zum Kap der Guten Hoffnung führt teilweise über diese Küstenstraße. Sie gehört zu den schönsten der Welt. Anfang der 1920er-Jahre wurde sie in den Fels gehauen. Auf 10 km Länge, mit steilen Felsen über, dem tosenden Meer unter sich, bietet sie spektakuläre Aussicht. Nach einer aufwändigen Erneuerung muss seit der Wiedereröffnung der Straße 2004 eine Gebühr von 20 Rand bezahlt werden. *15 km von Kapstadt*

Kap der Guten Hoffnung **[118 B6]**
★ Das Kap der Guten Hoffnung liegt an der südlichen Spitze der Kaphalbinsel, umgeben von einem Naturschutzgebiet. (Übrigens: Es ist entgegen landläufiger Meinung nicht die Südspitze Afrikas.) Als Bartholomëu Diaz das Kap zum ersten Mal umsegelte, nannte er es das Kap der Stürme. Weil es diesem Namen durchaus gerecht wird, sollten Sie sich vor einem Ausflug nach dem Wetter erkundigen. Vom Parkplatz bringt eine Drahtseilbahn Besucher bis auf 40 m an den *Cape Point* heran. Die letzten Meter, 133 Stufen, müssen Sie laufen. Oben angekommen, bietet sich ein atemberaubender Blick aufs Meer und die Kaphalbinsel. *30 km von Kapstadt*

Simon's Town **[118 B6]**
Seit über 300 Jahren ist Simon's Town der Marinestützpunkt aller Regierungen am Kap. Im *Simon's Town Mu-*

seum – das Haus wurde 1777 für den damaligen Governeur gebaut – ist eine Ausstellung über die Geschichte der Stadt zu sehen *(Court Rd., Mo–Fr 9–16, Sa 10–16, So 11–16 Uhr, Eintritt 5 Rand)*. Im Restaurant *Bon Appetit* gibt's leichte französische Gerichte *(90, St. Georges St., Tel. 021/786 24 12, €). 20 km von Kapstadt*

Besonders interessant ist *Boulders Beach* ein paar Kilometer südlich: Hier lebt eine Kolonie Afrikanischer Pinguine, die vom Aussterben bedroht sind. Von einer Aussichtsplattform kann man das Treiben der Tiere beobachten.

Bredasdorp

[118 C6] Auf dem Weg zum südlichsten Punkt Afrikas kommt man durch Bredasdorp (10 000 Ew.). Der Ort wurde 1838 von Michiel van Breda gegründet und ist Verwaltungsmittelpunkt der Region, in der die meisten Menschen von der Landwirtschaft leben. Besucher kommen, um sich von der Artenvielfalt der Kapmacchia *(Fynbos)* beeindrucken zu lassen: In der Umgebung gibt es 6000 der insgesamt 8000 Pflanzenarten. Die bekanntesten sind Protea und Erika.

SEHENSWERTES

Heuningberg Nature Reserve

Im botanischen Garten finden Sie viele Arten der speziellen Kapmacchia. *Van Riebeck St., tgl. 9–18 Uhr*

MUSEUM

Shipwreck Museum

Seit 1552 gingen an der Küste bei Kap Agulhas, dem »Friedhof der Schiffe« 125 Schiffe unter. Das Museum stellt die Funde aus. *6, Independent St., Mo–Fr 9–15, Sa, So 11–15.45 Uhr, Eintritt 5 Rand*

ESSEN & TRINKEN

Blue Parrot

Im ehemaligen Pferdestall kocht Wessel van Zyl so ungewöhnliche Gerichte wie panierte Schnecken mit Speck und Kirschen. *Dirkie Uys St., Tel. 021/425 10 23, €€*

EINKAUFEN

Kapula Gallery Insider Tipp

Hier werden phantasievolle Kerzen mit bunten afrikanischen Mustern hergestellt. Sie werden in die ganze Welt exportiert. *Ecke Patterson Rd./First Ave.*

ÜBERNACHTEN

Earl of Clarendon

Mitten im Ort gleich neben einem Café. Vier große, elegante Zimmer. *Ecke Clarendon/Long St., Tel./Fax 028/425 14 20, reservation@bsquare.co.za €*

AUSKUNFT

Suidpunt Tourism Bureau

Dr. Jansen St., Tel. 028/424 25 84, www.capeoverberg.co.za

ZIEL IN DER UMGEBUNG

Kap Agulhas **[118 C6]**

★ Das Kap ist der südlichste Punkt des afrikanischen Kontinents. Allerdings ist diese Spitze weitaus weniger spektakulär als das Kap der Guten Hoffnung. Meer und Küste sind rau. Aber ein Besuch lohnt sich, denn das Gefühl, ganz Afrika hinter sich zu haben, ist eindrucksvoll. Den Leuchtturm von 1848 können Sie besichtigen *(Di–Sa 9–16.45, So 11–13 Uhr, Eintritt 5 Rand)*. Übernachten können Sie im *Agulhas Country Lodge (8 Zi., Main Rd., Tel. 028/435 76 50, Fax 435 76 33, www.agulhascountrylodge.com, €)*. Die südlichsten Betten Afrikas stehen im Gästehaus *Southernmost (Ecke Lighthouse/van Breda St., Tel. 028/435 65 65, Fax 435 65 44, cowper@isat.co.za, €). 39 km von Bredasdorp*

FRANSCHHOEK

[118 B5] In einem wunderschönen Tal liegt dieser kleine Weinort (2600 Ew.). Er wurde 1688 von 152 Hugenotten gegründet, die Frankreich wegen ihrer Religion verlassen mussten. Viele von ihnen kamen aus Weinanbaugebieten. Und da ihnen das Klima gut geeignet erschien, entschlossen sie sich, es nun hier mit Reben zu versuchen. Die Besitzer der Weingüter in und um Franschhoek haben sich heute zu den *Vignerons de Franschhoek* zusammengeschlossen und sind außerdem Mitglieder des Tourismus-Büros. Auf fast allen Anwesen werden Weinproben angeboten.

SEHENSWERTES

Franschhoek Pass

Gleich hinter Franschhoek beginnt der schönste Bergpass der Gegend. Er bietet eine herrliche Aussicht über das Wein- und Obstland. Die ersten Siedler nannten ihn noch den Elefantenpass, weil Elefanten- und andere Tierherden hier auf einem Trampelpfad über den Berg zogen.

MUSEUM

Huguenot Memorial Museum

Exponate zur Geschichte der Hugenotten und der Siedlung. *Lambrecht St., Mo–Sa 9–17, So 14–17 Uhr, Eintritt 5 Rand*

ESSEN & TRINKEN

Haute Cabrière

Über ihrem in den Berg gebauten Weinkeller haben Hildegard und Achim von Arnim dieses wunderschöne Restaurant eingerichtet. *Pass Rd., Tel. 021/876 36 88, €€*

La Petite Ferme

Das Ausflugslokal liegt am Franschhoek-Pass. Besonders gut: die Lachsforelle. *Pass Rd., Tel. 021/876 30 16, €*

EINKAUFEN

La Grange de Cabrière Insider Tipp

Afrikanische Kunst in stilvoller Atmosphäre. Die Galerie serviert ein sehr gutes leichtes Mittagessen *(€)* auf der Terrasse. *Cabrière Rd., Tel. 021/876 21 55*

ÜBERNACHTEN

La Couronne

Das elegante Hotel krönt die Stadt. *24 Zi., Robertsvlei Rd., Tel. 021/876 27 70, Fax 876 37 88, www.lacouronnehotel.co.za, €€*

Le Manoir de Brendel

Der Hamburger Christan Brendel hat auf seiner Weinfarm 2 km vor

Franschhoek ein kleines Hotel eröffnet. *10 Zi., Tel. 021/876 45 25, Fax, 876 45 24, www.le-manoir-debrendel.com, €*

Le Quartier Français
In diesem Landhotel verbinden sich europäischer Chic und südafrikanische Gastfreundschaft perfekt miteinander. *16 Zi., Bergst., Tel. 021/876 21 51, Fax 876 31 05, www.lequartier.co.za, €€€*

AUSKUNFT

Franschhoek Tourist Information
Huguenot Rd., Mo–Fr 9–17, Sa 9–13 Uhr, Tel. 021/876 36 03, www.franschhoek.org.za

ZIEL IN DER UMGEBUNG

Boschendal **[118 B5]**
Dieses Weingut im Drakensteintal ist eines der prächtigsten Südafrikas. Das Anwesen wurde von der Hugenottenfamilie de Villiers gegründet, die hier bis Ende des 19. Jhs. lebte. Daneben liegen ein Restaurant und eine Weinstube, wo Sie die weltbekannten Boschendal-Weine probieren können *(Weinprobe Mo–Sa 8.30–16.30 Uhr, So 9–12.30 Uhr, Tel. 021/874 42 12, €)*. Im Sommer werden die Gäste unter den alten Bäumen des Anwesens mit einem Picknick verwöhnt. *15 km von Frankschoek*

HERMANUS

[118 C6] Zwischen Meer und hohen Bergen liegt Hermanus (6800 Ew.), Anfang des 19. Jhs. gegründet. Es dauerte nicht lange, bis Touristen kamen, angezogen vom Klima und von der Umgebung. In der Hauptferienzeit im Dezember und Januar ist es fast unmöglich, ein Bett zu bekommen. Aber in der übrigen Zeit sollten Sie es versuchen, denn das Dorf mit seinen endlosen Stränden ist ein Juwel. Zwischen Juni und November kommen die *Southern Right Whales*, um sich zu paaren und um ihre Jungen zur Welt zu bringen. Hermanus gilt laut World Wide Fund for Nature als einer der besten Plätze zur Walbeobachtung.

MUSEUM

Hermanus Museum
Gezeigt wird, wie die Fischer früher lebten. Im Walmuseum neben-

Stilvolle Pracht in Boschendal

an erfahren Sie viel über die Meereskolosse. *Im alten Hafen, Mo–Sa 9–13 und 14–17, So 9–16 Uhr, Eintritt für beide Museen 2 Rand*

ESSEN & TRINKEN

The Cuckoo Tree

Das Restaurant ist winzig und bietet Frühstück, leichtes Mittagessen und wunderbare Gerichte am Abend. *Main Rd., So geschl., Tel. 028/312 34 30, €*

ÜBERNACHTEN

Birkenhead House

Das Hotel liegt am schönsten Fleck der Steilküste oberhalb einer kleinen Bucht mit herrlichem Strand. *11 Zi., 119, 7th Ave., Tel. 028/ 314 80 00, €€€*

Windsor Hotel

Direkt an der Steilküste liegt das Hotel mit altmodischem Charme. *60 Zi., 49, Marine Drive, Tel. 028/ 312 37 27, Fax 312 21 81, www. Windsor-hotel.com, €*

FREIZEIT & SPORT

Die Lagune an der Mündung des Klein-Flusses ist ein Paradies für Wassersportler. Boote und Surfboards verleiht *Hermanus Adventures (135, Main Rd., Tel. 028/ 313 29 09).*

AUSKUNFT

Hermanus Tourism Bureau

Old Station Building, Mo–Sa 9–17 Uhr, Mitchell St., Tel. 028/ 312 26 29, www.hermanus.co.za. info

ZIEL IN DER UMGEBUNG

Kleinbaai **[118 C6]**

30 km nördlich von Hermanus liegt der Fischerort Kleinbaai (111 Ew.). Mitten in den Dünen bietet das *Casablanca Beach House (4 Zi., 9, Slabbert Rd., Klipfontein, Tel. 021/434 13 85, Fax 439 52 96, www.casablanca.co.za, €)* Ruhe, Aussicht und hervorragenden Service. Für Bootsfahrten zu den Wa-

Peter, Pamela und Paul

Die wundersame Rettung ölverschmierter Pinguine

Bei dem letzten großen Tankerunglück vor Kapstadt waren Tausende von Pinguinen bedroht. Innerhalb weniger Stunden wurde eine beispielhafte Rettung organisiert. Hunderte von Freiwilligen reinigten und fütterten die Tiere rund um die Uhr. Sobald diese wieder bei Kräften waren, wurden sie in anderen Küstenorten ausgesetzt. Experten hatten ausgerechnet, dass bis zu ihrer Rückkehr die heimatlichen Küstengewässer wieder sauber sein würden. Drei Tiere, Peter, Pamela und Paul, erhielten einen Sender, sodass die Medien täglich über den Verlauf der Reise berichten konnten, die ein gutes Ende fand.

len, die zwischen Juni und November vor der Küste leben, ist ein Insider Tipp Ausflug mit dem Boot *Whale Whisperer* zu empfehlen *(600 Rand, Tel. 082/801 80 14, www.dyer-island-cruises.co.za).*

PAARL

[118 B5] Paarl (130 000 Ew.) ist die größte Stadt im Landesinnern des Kaps. Sie wurde 1717 gegründet und hat ihren Namen von einem gewaltigen Felsen, der bei einem bestimmten Sonnenstand wie eine Perle schimmert. Die jüngste Sprache der Welt, Afrikaans, wurde hier 1875 offiziell vorgestellt. Das Sprachendenkmal erinnert daran. In Paarl wurde Nelson Mandela 1990 aus dem Gefängnis »Victor Verster« entlassen.

SEHENSWERTES

KWV

★ Weltweit größter Wein- und Weinbrandkeller. *Kohler St., Führungen tgl. 10, 10.15 (in Deutsch), 10.30 und 14.15 Uhr, Tel. 021/807 30 08, Eintritt 10 Rand*

MUSEUM

Paarl Museum

Ausstellung über die Architektur der Stadt. *303, Main St., Mo–Fr 10 bis 17, Sa 9–15 Uhr, Eintritt 5 Rand*

ESSEN & TRINKEN

Laborie

Auf dem historischen Weingut wird die traditionelle Küche des Kaps gepflegt. Die Tische unter den Bäumen im Garten sind besonders

Fässer in der Weinkellerei KWV

einladend. *Tailefert St., Tel. 021/807 30 95,* €

Lobsti's

Auf der Farm, die zum Restaurant gehört, werden die einzigen Süßwasserhummer in Südafrika gezogen. *Bo Daljosafat, Tel. 021/865 15 35,* €€

ÜBERNACHTEN

De Oude Paarl

Kleines Hotel mit Restaurant, Weingeschäft und eigener Schokoladenherstellung. *26 Zi., 132, Main St., Tel. 021/872 10 02, Fax 872 10 03, www.deoudepaarl.com,* €

Pontac Estate

Eines der ältesten Farmhäuser der Stadt, umgeben von alten Eichen. *15 Zi., 16, Zion St., Tel. 021/872 04 45, Fax 872 04 60, www.reisebasar.com/pontac/,* €€

AUSKUNFT

Paarl Tourism Bureau
216, Main St., Mo–Fr 9–17, Sa 9–13, So 10–13 Uhr, Tel. 021/ 872 38 29, www.paarlonline.com

ZIELE IN DER UMGEBUNG

Wellington **[118 B5]**
Das verträumte Städtchen (35 000 Ew.) wurde erst 1837 gegründet, deshalb sind viele Häuser im viktoriansichen Stil gebaut. Im Ort ist man auf die Herstellung von Trockenfrüchten spezialisiert. Der Gasthof *Diemersfontein* lädt zum Übernachten ein *(17 Zi., Jan van Riebeck Dr., Tel. 021/864 50 50, Fax 873 45 26, www.diemersfon tein.co.za, €). 20 km von Paarl*

Wilderer's Distillery **[118 B5]**
Zwischen Paarl und Franschhoek braut der Deutsche Helmut Wilderer auf einer kleinen Farm die besten Schnäpse des Kaps *(tgl. 11–17 Uhr)*. Im Restaurant wird ein leichtes Mittagessen angeboten *(an der R 45, Tel. 021/863 35 55, €). 7 km von Paarl*

STELLENBOSCH

[118 B5] ★ Die Region um Stellenbosch (50 000 Ew.) ist ein wichtiges Weinanbaugebiet des Landes und die Stadt selbst besonders schön. Ihr Name geht auf Simon van der Stel zurück, der 1679 beschloss, eine Siedlung zu gründen. Beim Spaziergang durch die eichengesäumten Straßen werden Sie sich in die Gründerzeit zurückversetzt fühlen und die heitere Atmosphäre genießen, zu der auch die Studenten der Universität beitragen. Der historische Kern der zweitältesten Stadt Südafrikas ist gut erhalten. Viele Gebäude sind restauriert.

SEHENSWERTES

Dorp Street
In der ältesten Straße der Stadt stehen viele denkmalgeschützte Häuser, oft mit kunstvollen Giebeln. Die lutherische Kirche von 1851 beherbergt heute die Kunstgalerie der Universität. *Oom Samie se Winkel* ist ein alter Tante-Emma-Laden. Im Garten werden kleine Gerichte serviert *(82, Dorp St., Tel. 021/887 07 97, €).*

MUSEUM

Village Museum
Das Museum zeigt in vier Häusern aus verschiedenen Epochen wie die Bürger Stellenboschs zwischen 1709 und 1850 lebten. Das *Schreuder-Haus* (1710) wurde von dem Deutschen Sebastian Schröder gebaut. Es ist das älteste Stadthaus Südafrikas. Das *Bletterman-Haus* ist im Stil der Jahre 1760 bis 1780 eingerichtet. Das neoklassizistische doppelstöckige *Grosvenor Haus* repräsentiert den Stil der ersten Jahrzehnte des 19. Jhs. und das *Bergh-Haus* war das Heim der Familie von Marthinus Bergh, die hier um 1850 lebte. *Ryneveld St., Mo–Sa 9–17, So 14–17 Uhr, Eintritt 15 Rand*

ESSEN & TRINKEN

Decameron
Alteingesessenes italienisches Restaurant. Bei Studenten, Professoren und Touristen beliebt. *50, Plein St., Tel. 021/883 33 31, €€*

De Volkskombuis
Hier werden traditionelle Gerichte des Kaps serviert, z. B. *bobotie. Aan De Wagenweg, Tel. 021/887 21 21, €*

EINKAUFEN

Piece de Resistance
Kleiner Laden mit Antiquitäten, alter Tischwäsche und originellen Andenken. *143, Dorp St.*

ÜBERNACHTEN

D'Ouwe Werf Country Inn
Eines der Traditionshäuser Südafrikas. Es wurde 1802 eröffnet und liegt mitten in der Stadt. *25 Zi., Church St., Tel. 021/887 46 08, Fax 887 46 26, www.ouwewerf.com, €€*

AM ABEND

Oude Libertas Centre
Mit Decken und Picknickkörben im Sommer ins Freilichttheater. Geboten werden Oper, Ballett und Theater. *Adam Tas Rd., Dez.–April, Tel. 021/809 70 00*

AUSKUNFT

Stellenbosch Tourism
36, Market St., Mo–Fr 9–16, Sa, So 9.30–16.30 Uhr, Tel. 021/883 35 84, www.istellenbosch.org.za

ZIELE IN DER UMGEBUNG

Meerlust **[118 B5]** Insider Tipp
Dieses Weingut ist seit acht Generationen im Besitz der Familie Myburgh, die beste Rotweine, einen tollen Chardonnay und verschiedene Grappasorten produziert. Die Gebäude sind schöne Beispiele kapholländischer Architektur. Vor dem Besuch anmelden! *(Tel. 021/843 35 87, www.meerlust.co.za). 15 km von Stellenbosch*

Stellenbosch Wine Route **[118 B5–6]**
Im 12-Kilometer-Umkreis von Stellenbosch sind 62 Güter für Weinproben geöffnet *(Stellenbosch Wine Route, 36, Market St., Tel. 021/886 43 10, www.wineroute.co.za).* Führungen bietet *Vineyard Ventures* an *(Tel. 021/434 88 88, www.vineyardventures.co.za).*

Besichtigen Sie die Weingüter rund um Stellenbosch!

Farmland im Herzen Südafrikas

Mais- und Getreideanbau, Wanderidyll und Wildparks auf weiten Hochebenen

Fels im Golden Gate Highlands Park

Der Freistaat ist umgeben von den Nordprovinzen, KwaZulu-Natal und den Kapprovinzen. So wie Natal »englisch« ist, ist der Freistaat »afrikaans«. Die Provinz liegt auf einem Hochplateau. Sie ist weitgehend flach und von endlosen Feldern und Grasflächen bedeckt, doch Abwechslung gibt es auch. Im Osten liegen Bergketten deren Gipfel im Winter schneebedeckt sind. Die Hochlandroute zwischen Harrismith im Nordosten und Zastron im Süden bietet sich an, um die Schönheit dieser Gegend zu erkunden. Sie führt nicht nur durch landschaftlich reizvolle Gebiete mit spektakulären Aussichten, sondern birgt auch archäologische Schätze wie Felsmalereien, die prähistorische Bewohner hinterlassen haben.

Der Freistaat wurde von den Treckburen gegründet, nachdem sie den Oranje-Fluss überquert hatten, deshalb hieß die Provinz bis zum Ende der Apartheid auch Oranje-Freistaat. Es waren Bauern aus der Kapprovinz, die mit der Politik der neuen englischen Herren nicht einverstanden waren, wie zum Beispiel mit der Abschaffung der Sklaverei. Aber schon nach elf Jahren folgten ihnen die Engländer. Sie kauften die Farm Bloemfontein, die sie zum militärischen Stützpunkt machten. Hier entstand später die größte Stadt der Provinz.

Die Stadt Bethlehem verdankt ihren Namen den frommen Treckburen, die sie, überwältigt von der Landschaft der Umgebung, nach dem Geburtsort Jesu benannten. Dem Fluss gaben sie den ebenso biblischen Namen Jordan. Ganz in der Nähe, am Fuß der Maluti-Berge liegt der Golden Gate Highlands National Park mit seinen auffälligen Sandsteinformationen und vielen Tieren. Hoch in den Bergen versteckt sich Qwaqwa. Dieses Gebiet in über 2000 m Höhe bildet die Heimat des Basotho-Volkes; eine Märchenwelt mit hohen Berggip-

Das von Südafrika unabhängige »Wolkenkönigreich Lesotho« ist die Heimat der Basotho

Die MARCO POLO Bitte

Marco Polo war der erste Weltreisende. Er reiste in friedlicher Absicht, verband Ost und West. Er wollte die Welt entdecken, fremde Kulturen kennen lernen, nicht zerstören. Könnte er heute für uns Reisende nicht Vorbild sein? Aufgeschlossen und friedlich sollte unsere Haltung auf Reisen sein. Dazu gehören auch Respekt vor Mensch und Tier und die Bewahrung der Umwelt.

feln und sanften hügeligen Wiesen. Wanderfreunde können ein Gebiet von unglaublicher Schönheit entdecken. Das Kunsthandwerk der Basotho ist berühmt, besonders die handgewebten Wollteppiche, die viele Geschäfte anbieten.

Im Nordosten des Freistaats liegt das Riemland. Dieser Name geht auf die Massenschlachtung der riesigen Wildherden, die hier grasten, zurück. Die Buren verkauften die getrockneten, in schmale Riemen geschnittenen Felle. Über die unerbittliche Jagd in der ganzen Provinz gibt es in der Gemäldeausstellung in Kapstadt ein Bild mit dem Titel: »Die größte Jagd des Jahrhunderts«. 4000 Antilopen wurden 1860 innerhalb eines Tages unweit Bloemfonteins erschossen. Eine Veranstaltung, die zu Ehren von Prinz Alfred, einem Sohn Königin Viktorias, stattfand.

Heute gibt es außer dem Nationalpark auch viele private Wildfarmen, die Tiere wie den Springbock, das südafrikanische Nationaltier, züchten. Solche Farmen können Sie an den besonders hohen Zäunen erkennen. In der Mitte der Provinz liegen die *Goldfields*, die Goldfelder, deren Gebiet 50 mal 16 km umfasst. Es gilt als das reichste zusammenhängende Goldgebiet der Welt. Hier wird mehr als ein Drittel des südafrikanischen Goldes gefördert. Die ersten Spuren des Edelmetalls wurden schon 1903 entdeckt. Aber erst 30 Jahre später begann man mit Schürfversuchen. Nach dem Zweiten Weltkrieg investierte das Unternehmen Anglo-American Corporation viele Millionen Dollar in Bohrungen und geologische Untersuchungen. Seitdem ist die Gegend Mittelpunkt einer hochmodernen Bergbauindustrie. Welkom, eine Stadt für die Minenarbeiter, entstand zunächst auf dem Reißbrett. Ein städtebauliches Musterprojekt mit breiten Straßen und ausgedehnte Grünflächen.

BLOEMFONTEIN

[120 B2] Bloemfontein (190 000 Ew.) ist die Hauptstadt des Freistaats und der Sitz des Obersten Gerichtshofs des Landes. Wegen seiner Gärten und Parks wird es auch die Rosenstadt Südafrikas genannt. Die Geschichte der Stadt geht zurück auf das Jahr 1840, als sich der Voortrekker Nicolaa Brits hier niederließ. Er nannte seine Farm nach den Dingen, die er bei seiner Ankunft vorgefunden hatte: eine Quelle, umgeben von Blumen.

Über die Jahrzehnte mischten sich in Bloemfontein burische und britische Einflüsse.

SEHENSWERTES

First Raadsaal
Das älteste Gebäude von Bloemfontein ist strohgedeckt und entstand 1848 unter dem britischen Major Warden. Hier wurde das Fundament für Regierung, Kirche und Schulbildung im Freistaat gelegt. *St. Georges St., Mo–Fr 10.15–15, Sa, So 14 bis 17 Uhr*

Fontein
Ein Pfeiler steht heute dort, wo früher die Quelle floss, die der Stadt ihren Namen gab. *Selbourne Ave.*

MUSEEN

National Afrikaans Literature Museum
Das Museum in einem alten Gouverneurspalast ist eine Hommage an die Afrikaans-Literatur. *President Brand St., Mo–Fr 7.30–12 und 13–15.45, Sa 9–12 Uhr, Eintritt frei*

National Museum
Sehr große Fossiliensammlung und interessante archäologische Funde. Übersichtliche Ausstellung zur Geschichte des Freistaates. *Aliwal St., Mo–Fr 8–17, Sa 10–17, So 12 bis 17.30 Uhr, Eintritt 5 Rand*

ESSEN & TRINKEN

Beef Baron
Berühmt für seine guten Steaks. Besonders zu empfehlen: *Rump Rossini* mit gegrilltem Speck und Hühnerleber. *22, Second Ave., Westdene, Tel. 051/447 42 90, €*

Lord Fraser Restaurant
Benannt nach dem früheren Besitzer des Herrenhauses. Traditionelle Küche. *12, Bruyn St., Tel. 051/583 14 80, €*

ÜBERNACHTEN

De Oude Kraal
Das schönste Hotel Bloemfonteins liegt 35 km südlich der Stadt. Die Besitzer haben auf der Schafsfarm, seit Generationen im Besitz der Familie, ein Gästehaus eröffnet, das von einem schönen Park und 1000 ha Weideland umgeben ist. Sehr empfehlenswertes Restaurant. *8 Zi., auf der N1 die Ausfahrt Riversford, Tel. 051/564 06 36, Fax 564 06 35, www.oudekraal.co.za, €*

Hobbit Boutique Hotel
Den Namen hat das kleine Hotel vom berühmtesten Sohn der Stadt:

MARCO POLO Highlights »Freistaat«

★ **Lesotho**
Unabhängiges Bergkönigreich mitten in Südafrika (Seite 65)

★ **Golden Gate Highlands National Park**
Beeindruckende Sandsteinfelsen (Seite 64)

Aus der Wolle dieser Schafe weben die Basotho Teppiche

John R. R. Tolkien und seinen Phantasiefiguren aus dem Buch »Der Herr der Ringe«. Zu empfehlen ist das Drei-Gänge-Menü am Abend. *9 Zi., 19, President Steyn Ave., Westdene, Tel./Fax 051/447 06 63, www.hobbit.co.za, €€*

AUSKUNFT

Bloemfontein Tourism
60, Park St., Mo–Fr 8–16.15, Sa 8–12 Uhr, Tel. 051/405 84 90, www.bloemfontein.co.za

ZIELE IN DER UMGEBUNG

Insider Tipp **Basotho Cultural Village** [120 C2]
Nur 20 km östlich des Haupttores des Golden Gate Parks liegt das Museumsdorf. Hier wird dem Besucher gezeigt, wie die Basotho seit Jahrhunderten in diesem Teil Südafrikas und Lesothos leben. Vor Rundhütten aus Stroh empfangen Frauen in traditionellen Kleidern die Gäste. Auf Wunsch kann sogar eine Audienz bei dem »Stammesältesten« vereinbart werden. Unbedingt sollten Sie das selbst gebraute Bier probieren *(Mo–Fr 9–16, Sa, So 9–15 Uhr, Tel. 058/721 03 00, Eintritt und Führung 15 Rand). 200 km von Bloemfontein*

Golden Gate Highlands National Park [120 C2]
★ Das Naturschutzgebiet verdankt seinen Namen den großartigen Sandsteinfelsen, die im Sonnenlicht golden schimmern. Es befindet sich auf einer Höhe von knapp 2000 bis 2770 m. Auf über 6000 ha leben in spektakulärer Umgebung einheimische Tiere. In den Felsen der Maluti-Berge nisten Adler. Der Park hat zwei Camps, in denen Hütten vermietet werden *(R49 zwischen Bethlehem und Harrismith, Tel. 012/343 19 91). 180 km von Bloemfontain*

Lesotho **[120–121 B–D 2–3]**
★ Das unabhängige Königreich inmitten einer Berglandschaft ist etwa so groß wie Belgien. Hier leben seit Anfang des 19. Jhs. die Basotho. In der Hauptstadt *Maseru* gibt es gute Hotels wie das *Maseru Sun (200 Zi., Tel. 011/780 78 00 oder 09266/31 24 34, www.sun-international.com, €€)*. Von hier aus können Sie Ausflüge in die schöne Umgebung machen. Auf Straßenmärkten verkaufen die Basotho Stroharbeiten wie den traditionellen Spitzhut *mokorotlo*, Wollteppiche und anderes Kunsthandwerk. Die handgesponnene Mohairwolle ist von hervorragender Qualität. *120 km von Bloemfontein*

Welkom **[120 B1]**
Welkom ist das pulsierende Herz der Goldfelder, die zu den reichsten der Welt zählen. Nach den Plänen des früheren Vorsitzenden der Anglo American Corporation, Sir Ernest Oppenheimer, wurde die Stadt auf dem Reißbrett geplant. Sie ist in Wohn-, Industrie- und Minengebiete aufgeteilt, die durch viele Grünflächen harmonisch miteinander verbunden sind. Es gibt keine Ampeln und nur ganz wenige Stoppstraßen – Kreisverkehr ist die Devise. Beliebt ist das italienische Restaurant *Caponero* der Brüder Caruso. Sie singen nicht, aber kochen gut. Zu empfehlen ist das üppige Büfett am Mittwochabend *(19, Pretorius St., Tel. 057/352 54 30, €)*.

Ein aufregendes Erlebnis ist der Besuch einer der Goldminen. Eine Tagestour muss im Voraus über die *Stadtverwaltung (Tel. 057/212 31 11)* oder bei der *Welkom Publicity Association (Tel. 057/352 92 44)* gebucht werden.

Welkom bietet auch zahlreichen Vogelarten eine Heimat. In den kleinen Teichen in der Umgebung der Stadt finden neben großen Flamingoschwärmen viele andere Vögel einen idealen Lebensraum. *180 km von Bloemfontein*

Lesetipps

Literatur zum besseren Verständnis des Landes

In seiner Biografie »Der lange Weg zur Freiheit« beschreibt Nelson Mandela sein Leben, in dem jahrzehntelang der Kampf gegen die Apartheid bestimmend war. »Südafrika« ist der Titel eines Bildbands von Christian Heeb, Paul M. Schumacher und Bernd Wiese mit Wissenswertem über Flora, Fauna und die Entwicklung der südafrikanischen Gesellschaft. Im Roman »Roter Staub« erzählt Gilian Slovo wie sich Menschen mit unterschiedlichem Hintergrund vor der Wahrheitskommission wieder treffen. In seinem heiß diskutierten Roman »Schande« schildert Literaturnobelpreisträger J. M. Coetzee, wie eine junge weiße Frau bereit ist, einen Teil Schuld, die sie den schwarzen Afrikanern gegenüber empfindet, abzutragen: Sie entschließt sich, das Kind, das sie nach einer Vergewaltigung erwartet, auszutragen.

Heimat der Zulus – Berge und Strände

Die Provinz am Indischen Ozean bietet Reisenden größte Abwechslung

Traditionell bemalte Zulu-Frauen

Schönheit und Verschiedenartigkeit der Landschaft in der kleinen Provinz KwaZulu-Natal sind beeindruckend: vom typisch afrikanischen Buschland im Norden bis zu breiten Stränden am Indischen Ozean mit subtropischem Klima, von grünen, von Flüssen durchzogenen Hügeln, bis zu den für viele als schönste Bergkette der Welt geltenden Drakensbergen.

Wenn Sie durch Zululand fahren, werden Sie das Gefühl haben, die Zeit sei stehen geblieben. In den Kraals, in denen archaisches Stammesleben den Alltag bestimmt, sieht es nicht anders aus, als in früheren Jahrhunderten.

Die Küste KwaZulu-Natals ist ein Ferienparadies. Südlich und nördlich von Durban liegen herrliche Strände mit vielen Ferienorten. Das größte und beliebteste Urlaubsziel ist Durban selbst. Aber auch die anderen Orte lohnen einen Besuch. In kleinen Dörfern finden Sie Ruhe, in größeren Städtchen wie Margate und Umhlanga Rocks außerdem Unterhaltung. Und die Drakensberge bieten grandiose landschaftliche Szenerien. Sie erstrecken sich vom Ostkap bis zum Nordosten des Landes. Einer der höchsten Gipfel ist mit 3299 m der Mont aux Sources. Riesige Felsen bilden auf 8 km Länge die Form eines Amphitheaters. Sie sind Teil des Royal Natal National Parks, einem der vielen Pflanzen- und Tierschutzparks in Natal. Hier leben viele Tierarten, vor allem Raubvögel. Der Park Umfolozi wurde zum Schutz der Nashörner eingerichtet. Der Mkuzi Park liegt am Fuß der Ubombo-Berge und beheimatet u. a. Leoparden, Giraffen, Nashörner, Zebras und Flusspferde.

Die Mischung aus europäischen, afrikanischen und asiatischen Kulturen, die das Land prägt, ist faszinierend. Ein großer Teil Natals war von 1820 bis 1880 das Königreich Zululand. In diesem Gebiet leben noch heute die Nachfahren der berühmten Krieger. Ihr Ruf und

Mit Glück sehen Sie auch den scheuen Gepard

Durban, die Stadt am Meer, dem Urwald abgetrotzt

der ihrer Führer Shaka und Dingaan ist weit über die Grenzen des Landes gedrungen. Shaka baute ein Heer mit über 60 000 Kriegern auf, das er ununterbrochen auf Feldzüge schickte. Die Grenze seines Reiches bildete im Osten der Tugela-Fluss. Auch die ersten Siedler, englische Kaufleute, die 1824 aus Kapstadt kamen, akzeptierten diesen Fluss als Grenze. Dahinter bauten sie für eine Handelsmission auf.

1838 kamen die ersten Treckburen nach Natal. Die Zulus griffen das Hauptlager der Buren an und töteten einige hundert Menschen. Die Rache der Buren war schrecklich. Bei der berühmten Schlacht am Blutfluss schlugen sie die Zulu-Armeen vernichtend und erklärten das Gebiet zu ihrer Republik. 1843 jedoch wurde es britisch. Die folgenden Kriege zwischen Engländern und Zulus führten zu der endgültigen Vernichtung des einstmals so mächtigen Zulureichs. Doch viele Traditionen überlebten.

DURBAN

[121 E3] Mit seinen weiten weißen Stränden am Indischen Ozean ist Durban (1 Mio. Ew.) das Urlaubsmekka der Südafrikaner. An 300 Tagen im Jahr scheint die Sonne. Wer heute in diese große, pulsierende Hafenstadt kommt, kann sich nicht vorstellen, dass hier vor 150 Jahren nichts anderes war als Urwald mit Löwen und Elefanten. Die Zulus nennen die Stadt noch immer *Ethekwini* – die ruhige Lagune.

Ende des Jahres 1497 sah Vasco da Gama dieses paradiesische Land auf seinem Weg nach Asien zum ersten Mal. Da es Weihnachten war, nannte er es Natal: das portugiesische Wort für Weihnachten. Erst 1835 wurde es in Durban umbenannt, nach Sir D'Urban, der Mitte des 19. Jhs. britischer Gouverneur am Kap war.

Die Hälfte der Einwohner Durbans sind Nachfahren der von englischen Kolonialherren aus Indien geholten Arbeiter für die Zuckerrohrplantagen. Die indischen Märkte, Moscheen und Geschäfte gehören zu den Attraktionen Durbans, das sich als Mischung vieler Kulturen präsentiert.

Der Hafen ist was Umschlag und Fläche anlangt der größte des Landes. Und nicht nur das: Hier wird mehr Fracht geladen und gelöscht als in irgendeinem anderen Hafen des Kontinents.

SEHENSWERTES

Juma-Moschee
Diese Moschee ist die größte und prächtigste auf der südlichen Erdhalbkugel. Männer haben nur in langen Hosen, Frauen nur in langen Röcken oder Hosen Zugang. *Ecke Grey/Queen St., tgl. 6.30–19 Uhr*

Natal Shark Board
Vor der Küste Natals gibt es viele Haie. Mehr als 300 Netze sollen sie von den Stränden fernhalten; über 1000 Haie bleiben jährlich in ihnen hängen. Das Institut nutzt die gefangenen Tiere für Forschungszwecke. Besucher können auf Booten mitfahren, wenn die Netze kontrolliert werden. *Umhlanga, Ecke Umhlanga Rocks/Hickary Drive, Tel. 031/566 04 00, www.shark.co.za, Führungen Di–Do 9–14, Filmvorführungen Mo–Do 9–15 Uhr jede volle Stunde, Eintritt 6 Rand,*

Sea World
Über tausend Fischarten, darunter Haie. Gleich nebenan ist das Delphinarium. *Ecke West und Marine Parade, Shows tgl. 10, 11.30, 14, 15 und 17 Uhr, Fütterungen 11 und 15.30 Uhr, Eintritt 60 Rand*

Umgeni River Bird Park Insider Tipp
Park mit exotischen Vögeln. *490 Riverside Rd., Durban North, tgl. 9–17 Uhr, Eintritt 5 Rand*

MUSEUM

KwaMuhle Museum
Das Museum ist ganz der neuen Geschichte Südafrikas gewidmet – deshalb wird es auch oft Apartheidsmuseum genannt. *130, Ordinance Rd., Mo–Sa 8.30–15.30, So 11.30–16 Uhr, Eintritt 5 Rand*

ESSEN & TRINKEN

Famous Fish Company
Hervorragendes Fischrestaurant direkt am Dock 17. Beim Austernessen kann man die Einfahrt der Ozeanriesen in den Hafen beobachten. *Kings Battery North Pier, Point Waterfront, Tel. 031/368 10 60,* €€

Gulzar
Teile des Daches dieses indischen Restaurants können geöffnet wer-

Marco Polo Highlights »KwaZulu-Natal«

★ **Victoria Street Market**
Faszinierende Mischung aus Asien und Afrika in Durban (Seite 70)

★ **Valley of the Thousand Hills**
Herrliche Aussicht von sanft gewölbten Hügeln (Seite 72)

★ **Umhlanga Rocks**
Beliebter Ferienort am Indischen Ozean (Seite 72)

★ **Drakensberge**
Die Alpen Südafrikas – ein Erlebnis nicht nur für Bergsteiger und Wanderer (Seite 73)

Warenangebot am Straßenrand

den. *69, Stamford Rd., Greyville, Tel. 031/309 63 79,* €

Harveys

Erstklassiges Restaurant mit internationaler Küche, die beste in Durban. Besonders die himmlischen Nachtische sind nicht zu überbieten. *77, Goble Rd., Morningside, Tel. 031/312 90 64,* €€€

Roma Revolving Restaurant

Bei herrlichem Blick die Küche des Mittelmeers genießen. *John Ross House, 22. Stock, Victoria Embankment, Tel. 031/337 67 07,* €€

EINKAUFEN

African Art Centre

Kunst und Kunsthandwerk von Zulu-Künstlern. *Tourist Junction, 160, Pine St., Mo–Fr 8.30–17, Sa 9–13 Uhr*

Victoria Street Market

★ Ein absolutes Muss für Durbanbesucher. An rund 180 Ständen werden Gewürze, Fisch, Fleisch, Schmuck, Kleidung etc. angeboten; reizvolle Mischung afrikanischer und indischer Waren. *Mo–Fr 7–18, Sa 7–14, So 10–14 Uhr, Victoria St.*

The Workshop

In einem riesigen viktorianischen Gebäude, in dem früher Eisenbahnen repariert wurden, sind heute 120 Geschäfte untergebracht. Hier gibt es alles, was das Herz begehrt. *Ecke Commercial/Aliwal St.*

ÜBERNACHTEN

Edward Hotel

Elegantes Hotel mit spektakulärem Blick auf den Indischen Ozean. *240 Zi., Marine Parade, Tel. 031/337 36 81, Fax 332 16 92, hotelled@worldonline.co.za,* €€

Essenwood House

Das kleine viktorianische Hotel liegt hoch über Durban im Vorort Berea, nur wenige Kilometer von der City entfernt. *6 Zi., 630 Essenwood Rd., Tel./Fax 031/207 45 47, www.Essenwoodhouse.co.za,* €

Quarter's Hotel

Super geführtes Hotel. Die Gäste bekommen nicht nur Blumen, sondern auch hausgemachte Kekse in die hübschen Zimmer gestellt. *25 Zi., 101, Florida Rd., Morningside, Tel. 031/303 52 46, Fax 303 52 66, www.quarters.co.za,* €€€

FREIZEIT & SPORT

Der *Windsor-Park-Golfclub* bietet einen 9- und einen 18-Loch-Course

(Tel. 033/312 22 45). Wer mit Delphinen paddeln möchte, kann das bei *Adventure Dive (Tel. 083/657 09 65)*. Hafenrundfahrten und Hochseeausflüge starten am *Pleasure Cruise Terminal* im Hafen *(Ocean Sports Centre (Tel. 031/368 58 18)*. Besonders beliebt ist Kitesurfen. Zu buchen bei *Oceanair (Tel. 082/880 18 88)*.

AM ABEND

Bean Bag Bohemia
Bar mit funky Inneneinrichtung hinter einer altmodischen Fassade. Hier ist immer etwas los. *18, Windemere Rd., Tel. 031/309 60 19*

Billy the Bums
Wahrscheinlich der beliebteste Treffpunkt der Nachtschwärmer Durbans. Tolle Cocktails. *Letterstead House, Ecke Main und Campground Rd., Claremont, Tel. 031/683 55 41*

330
Hier wird bis zum Morgengrauen getanzt. *330, Point Rd., Tel. 031/377 71 72*

AUSKUNFT

Durban Tourist Junction
160, Pine St., Mo–Fr 8–17, Sa, So 9–14 Uhr, Tel. 031/304 49 34, www.durban.org.za

ZIELE IN DER UMGEBUNG

Greater St. Lucia Wetland Park **[121 E–F 1–2]**
Der Park hat fünf Ökosysteme (Seen, Meer, Dünen, Savanne, Sümpfe) und erstreckt sich entlang des Indischen Ozeans. Das ist so ungewöhnlich, dass die Unesco ihn zu einem Kulturerbe der Menschheit erklärt hat *(Okt.–März tgl. 5–20 Uhr, April–Sept. tgl. 6–20 Uhr, Eintritt 20 Rand)*. Am Lake St. Lucia liegt die *Hluhluwe River Lodge*, die Bootsausflüge anbietet *(12 Zi., Tel. 035/562 02 46, Fax 562 02 48, www.hluhluwe.co.za, €€)*. *170 km von Durban*

Hluhluwe-Umfolozi Park **[121 E–F 1–2]**
Er wurde bereits 1899 gegründet. Auf 96 000 ha können Sie hier – und in KwaZulu-Natal nur hier – die Big Five sehen. Faszinierend sind die große Tiervielfalt und die landschaftliche Schönheit *(Nov.–Feb. tgl. 5–19 Uhr, März–Okt. tgl. 6–18 Uhr, Eintritt 30 Rand)*. Es gibt Hütten, Zelte und Zimmer. Besonders zu empfehlen im Hluhluwe-Teil des Parks ist das *Hilltop Camp*, im Umfolozi-Teil das *Mpila Camp (Buchungen Tel. 033/845 10 00, Fax 845 10 01, www.kznwildlife.co.za, €)*. *180 km von Durban*

Swaziland **[117 E–F4]**
Wenn Sie von Durban aus 300 km auf der BN 2 in Richtung Norden fahren, kommen Sie nach Swaziland, einem kleinen unabhängigen Königreich mit der Hauptstadt *Mbaban* und dem Königssitz im *Ezulwini-Tal*. In der Landessprache Swasi heißt es *Ngwane*.

Das Land entspricht ungefähr der Größe von Wales und ist nach Gambia der zweitkleinste Staat des afrikanischen Festlands. Es gibt sechs landschaftlich ganz besonders reizvolle Nationalparks. Information: *Big Game Parks (Tel. 00258/528 39 43, Fax 528 39 42, www.biggame.co.sz)*.

Umhlanga Rocks **[121 E3]**
★ Ferienziel am Indischen Ozean, herrlich zum Baden und Sonnen, 20 km von Durban. Empfohlen sei der Besuch von *Croc World*, einer Krokodilfarm. Die Hotels liegen direkt am Strand, eines der besten ist Insider Tipp *Oyster Box (93 Zi., Tel. 031/561 22 33, Fax 561 40 72, oysterbox@iafrica.com, €€)*. Die Austern sind dort frisch und lecker.

Ein kleines Paradies zum Übernachten liegt 30 km nördlich in *Umhlali:* die *Zimbali Lodge*. Oberhalb der Dolphin Coast, umgeben von Wäldern, bietet das Hotel Zimmer und Gerichte der Spitzenklasse, außerdem einen 18-Loch-Golfplatz *(76 Zi., Tel. 032/538 10 07, Fax 538 10 19, www.suninternational.com, €€€)*.

Valley of the Thousand Hills **[121 E2]**
★ Vom Botha Hill haben Sie einen spektakulären Blick über Hügel und Täler. Am frühen Morgen sind manchmal die Rufe der Zulus zu hören: von Berg zu Berg weitergegebene Nachrichten. Unterhalb des *Rob Roy Hotels (37 Zi., Bothas Hill, Tel. 031/777 13 05, Fax 777 13 64, www.robroyhotel.co.za, €)* liegt ein Kraal, in dem die Zulus ihre Tänze vorführen. Zauberdoktoren lesen aus geworfenen Knochen die Zukunft. *30 km von Durban*

PIETERMARITZBURG

[121 E2] In einem weiten Tal, von grünen Hügeln umgeben, liegt Pietermaritzburg (348 000 Ew.). Der alte Stadtkern mit Häusern aus der viktorianischen Ära zeigt den Einfluss der britischen Kolonisten. Aber gegründet wurde die Stadt von Treckburen, die auch Spuren hinterließen. Sie errichteten die Republik Natalia mit der Hauptstadt Pietermaritzburg, benannt nach ihren beiden Führern Piet Retief und Gerrit Maritz.

SEHENSWERTES

Howick Falls
Der Umgeni-Fluss stürzt hier 111 m in die Tiefe. *An der Straße nach Howick (Umgeni Valley Nature Reserve)*

MUSEEN

Tatham Art Gallery
Das Museum hat eine umfangreiche Sammlung moderner Kunst aus KwaZulu-Natal. *Commercial Rd., Di–So 10–16 Uhr, Eintritt frei*

Voortrekker-Museums-Komplex
Erinnerungsstücke aus der Pionierzeit. *Longmarket St., Mo–Fr 9–16, Sa 9–13 Uhr, Eintritt 3 Rand*

ESSEN & TRINKEN

Els Amics Restaurant
Die Spezialität sind Wildgerichte, *380, Longmarket St., Tel. 033/345 65 24, €*

Turtle Bay
Besonders zu empfehlen: Straußen- und Pistazienterrine. *Wembley Terrace, Tel. 033/394 53 92, €*

ÜBERNACHTEN

Imperial Hotel
Ein altes Grand Hotel mitten in der Stadt. *43 Zi., 224, Loop St., Tel. 033/342 65 51, Fax 342 97 96, reservation@imperialkzn.co.za, €€*

Redlands Hotel and Lodge
Gäste können zwischen Zimmern im Hotel und Apartments in der Lodge wählen. *20 Zi., Redlands Estate, 1, George MacFarlane Lane, Wembley, Tel. 033/39 43 33, Fax 394 33 38, www.guestnet.co.za,* €

AUSKUNFT

Tourist Information Bureau
177, Commercial Rd., Mo–Fr 8.30–16.30, Sa 8.30–12.30 Uhr, Tel. 033/345 13 48, admin@pm tourism.org.za

ZIELE IN DER UMGEBUNG

Drakensberge **[120–121 C–E 1–3]**
★ Unvergesslich wird Ihnen der Blick im *Royal Natal National Park* bleiben. Die Felsen scheinen ein Amphitheater zu bilden. In der Gegend befinden sich Felsmalereien der Buschmänner, die über Jahrhunderte hier Unterschlupf gesucht haben. Im *Wildpark Giant's Castle* gibt es ein *Museum für Buschmannzeichnungen (tgl. 11.30–14.30 Uhr, Eintritt 20 Rand).* Zum Übernachten empfiehlt sich ein Hotel mit Aussicht auf die herrliche Gegend und das Amphitheater: *Cathedral Peak Hotel (94 Zi., Tel. 036/488 18 88, Fax 488 18 89, www.cathedralpeak.co.za,* €€*)* oder *Champagne Castle Hotel (49 Zi., Tel. 036/468 10 63, Fax 468 13 06, www.champagnecastle.co.za,* €*). 80 km von Pietermaritzburg*

Midland Meander **[121 D2]** Insider Tipp
Die Gegend um *Nottingham Road* besticht durch ihre Schönheit. Fast 150 Künstler, Kunsthandwerker, und Gasthausbesitzer haben sich an der ausgeschilderten Strecke zusammengeschlossen. Besonders gut ist das Angebot im *Dargle Valley,* z. B. im Laden *Saint Verde.* Information: *Tel. 033/330 81 95, www.mid landsmeander.co.za. 50 km von Pietermaritzburg*

Das »Amphitheater« in den Drakensbergen

Land des Goldes und der Diamanten

Das frühere Transvaal, geprägt von den Städten Johannesburg und Pretoria, ist heute in mehrere Provinzen aufgeteilt

Wenn Sie am Morgen auf dem Flughafen in Johannesburg ankommen, werden Sie sofort das Gefühl haben: Ich bin in Afrika. Das bewirken die klare und trockene Luft des Hochlands, das rötlich getönte steppenähnliche Land, endlos weit, und der atemberaubend schöne Sonnenaufgang des Nordens.

Diesen Teil Südafrikas haben die Weißen zuletzt besiedelt. Johannesburg ist nur etwas über 100 Jahre alt und das benachbarte Pretoria nur wenige Jahrzehnte älter.

Nördlich von Pretoria beginnt die Great North Road. Sie führt durch hügeliges Buschland nach Warm Baths. Den »kochenden Ort« nannten die Einheimischen das Gebiet, in dem Thermalquellen mit einer Temperatur von 63 Grad aus dem Boden sprudeln. Von hier fahren Sie über Waterberg und Polokwane durch das Affenbrotbaum-Land und gelangen über die Soutpansberge nach Hunderten von Kilometern schließlich zum Limpopo. Der Fluss bildet die Grenze zu Simbabwe und Botswana. Die Fahrt durch diesen Teil Afrikas mit seiner

Bilderbuchlandschaft am Blyde River Canyon

Nachwuchs der Geparden

fast unberührten Natur ist ein großartiges Erlebnis.

Die interessanteste Provinz des Nordens ist Mpumalanga. Hier haben Siedler schon Gold gefunden, bevor der Rausch auf dem Witwatersrand anfing. Pilgrim's Rest, heute eine Geisterstadt und Touristenattraktion, war ein Ort des früheren Goldrausches. Einige der alten Minen sind noch in Betrieb. Beeindruckend sind die vielen herrlichen Aussichtspunkte auf die bizarre Landschaft mit gewaltigen Wasserfällen. In Mpumalanga bricht das Inlandsplateau mehr als 1000 m tief zur subtropischen Ebene ab. Eine dramatische Landschaft, deren Höhepunkte die Panorama Route (von Graskop nach Sabie) erschließt.

Für die Fahrt zum Kruger National Park sollten Sie sich Zeit neh-

Zebras im Kruger National Park

men. Sie können in Camps im Park übernachten.

1854 bestand das heutige Südafrika aus zwei britischen Kolonien, dem Kap und Natal, sowie den Burenrepubliken Oranje Freistaat und Transvaal. Nach den Diamantenfunden im Transvaal versuchten die Briten, die Buren zu einer Konföderation zu überreden. Als dies misslang, annektierten sie die Republiken. So kam es zum ersten britisch-burischen Krieg, der auf Afrikaans bis heute *Vryheidsoorlog,* also Freiheitskrieg, genannt wird. Die Buren gewannen, und 1881 erhielt Transvaal seine Unabhängigkeit zurück. Das Land entwickelte sich rasch unter Führung des legendären Präsidenten Paul »Ohm« Krüger. Als 1886 riesige Goldfunde nicht allzuweit von Pretoria gemacht wurden, ahnte er, welche Probleme daraus entstehen könnten. Aber die Entdeckung ließ sich nicht geheim halten. Der ausbrechende Goldrausch lockte Tausende von Glücksrittern aus aller Welt in die Gegend.

Nun waren auch die Engländer entschlossener denn je, diesen Teil des südlichen Afrikas für die Kronkolonie zu erobern. Es kam zum zweiten Burenkrieg, den England 1902 gewann. 1910 wurde die Südafrikanische Republik gegründet – mit Pretoria als Verwaltungshauptstadt.

Das Gebiet, in dem das Gold gefunden wurde, heißt Witwatersrand. Es ist ein Plateau, das sich auf etwa 1700 m Höhe erstreckt. Die Goldader verläuft auf einer Länge von mehr als 130 km und wird am Ende 30 km breit. Hier gibt es viele Minen- und Industriestädte – die größte ist Johannesburg. Am Vaal-Fluss verbringen die Johannesburger gern ihr Wochenende. Wenn sie kein Häuschen besitzen, mieten sie eines oder auch eine Hütte. Es gibt auch viele schöne Hotels.

Die Universitätsstadt Potchefstrom, 1838 gegründet, wurde die erste Hauptstadt der Zuidafrikaanischen Republik. Viele Gebäude erinnern an diese Zeit.

JOHANNESBURG

Karte auf den Seiten 122/123

[116 C4] Johannesburg, mit 6 Mio. Einwohnern die größte Stadt Südafrikas, liegt 1753 m über dem Meer und ist im wahrsten Sinn des Wortes auf Gold gebaut. Hier gibt es mehr Sonnentage als in Kalifornien, und selbst im Winter, wenn die Nächte kalt sind, werden die Tage warm.

Johannesburg kann – was seine Lage anbelangt – mit Kapstadt nicht mithalten, hat jedoch seinen eigenen Reiz. Die Atmosphäre ist prickelnd, der Lebensstil schnell und manchmal rücksichtslos wie in den Gründerjahren. Alles dreht sich ums Geld und Geschäft. Johannesburg ist das Handels- und Finanzzentrum mit der Börse, dem größten Flughafen, den breitesten Straßen und den höchsten Wolkenkratzern des Landes. Es ist auch eine Stadt der Gegensätze: Reichtum und Armut prallen aufeinander. Besonders die Gegend um den Bahnhof ist in den letzten Jahren verslumt und sollte deshalb gemieden werden.

In seiner hundertjährigen Geschichte wurde Johannesburg dreimal neu gebaut. Die Grundstückspreise in der Innenstadt sind so hoch, dass es sich lohnt, alte Häuser abzureißen, um neue, höhere zu bauen, zumindest in den wohlhabenden Vororten wie Rosebank und Sandton. Die Anwesen und Bürogebäude sind von hohen Mauern und Elektrozäunen umgeben. Die Kriminalität ist hoch, da die Schere zwischen Arm und Reich noch immer weit auseinander klafft.

Johannesburg heißt in den schwarzen Sprachen *E'Goli,* Ort des Goldes. Denn mit Gold fing alles an. George Harrison, ein australischer Bildhauer, der schon in seiner Heimat nach Gold gesucht hatte, erkannte 1886 den Goldgehalt der Steine. Was danach geschah, ist als der größte Goldrausch aller Zeiten in die Geschichte eingegangen. Goldgräber aus drei Kontinenten machten sich auf die beschwerliche Reise. Aus einem Lager mit Zelten

MARCO POLO Highlights »Nordprovinzen«

★ **Gold Reef City**
Nachgebaute Goldgräberstadt mit Hotels und Bars in Johannesburg (Seite 78)

★ **Sun City und Lost City**
Luxuriöse Vergnügungsoase mit Hotels, Kasinos, Sportanlagen (Seite 80)

★ **Union Building**
Regierungsgebäude in Pretoria, ab Oktober in einem Meer von Jakarandablüten (Seite 82)

★ **Kruger National Park**
Wohl das schönste, sicher das berühmteste Wildreservat der Welt (Seite 83)

Arbeitsmoral

Wie ein Johannesburger Geschäftsmann seine Kollegen in Kapstadt beschreibt

Wer es einrichten kann, verschwindet zwischen 11 und 16 Uhr zum Mittagessen. Jeden Mittwochnachmittag hat der Kapstädter eine wichtige Verabredung auf dem Golfplatz. Freitags wird auf jeden Fall versucht, das Büro vor der Mittagspause zu verlassen, um montags die Arbeit erst nach der Mittagspause wieder aufzunehmen. Diese Arbeitseinteilung gilt zumindest für den Sommer.« Zugegeben, der Herr hat wohl ein wenig übertrieben, aber vollkommen aus der Luft gegriffen ist seine Schilderung wohl auch nicht.

und selbst gezimmerten Hütten entstand die Stadt, in der Gold auch noch heute eine große Rolle spielt.

SEHENSWERTES

Goldminen **[O]**

Der Besuch einer Goldmine lässt sich über die Chamber of Mines buchen. Sie können in die Minen einfahren und zusehen, wie flüssiges Gold in Barren gegossen wird. Planen Sie einen ganzen Tag und fragen Sie nach den Minen, in denen Arbeiter sonntags ihre traditionellen Stammestänze aufführen. Besuchern unter 16 und über 60 Jahren ist die Einfahrt unter Tage nicht ohne weiteres erlaubt. *Buchungen Tel. 011/838 82 11*

Gold Reef City **[O]**

★ Ein Hauch von Freizeitindustrie umgibt die nachgebaute Goldgräberstadt 6 km südlich vom Stadtzentrum. Wohn- und Geschäftshäuser, ein Theater, ein Hotel, ein Brauhaus und Handwerkstätten sind zu sehen. Bei Stadtrundfahrten per Eisenbahn oder Kutsche spürt man, wie es damals war. Die frühere Goldmine *Crown Mines* unter der Stadt kann besichtigt werden. Zu der Anlage gehören ein Kasino, ein Vergnügungspark und das Apartheidmuseum. *Stadtautobahn M1 in Richung Süden, Ausfahrt Gold Reef City*

Soweto **[O]**

South-Western-Township. In diesem schwarzen Vorort leben mehr als 2 Mio. Menschen. Weltbekannt wurde Soweto durch die blutig beendeten Schülerunruhen von 1976. Im *Hector Peterson Museum (Vilakazi St., tgl. 9.30–16.30 Uhr, Eintritt 5 Rand)* wird mit einer Fotoausstellung an den schrecklichen 16. Juni jenes Jahres erinnert. An diesem Tag wurde der 14-jährige Hector Peterson von der Polizei erschossen. In derselben Straße ist auch das *Nelson Mandela Museum (Vilakazi St., tgl. 8–18 Uhr, Eintritt frei)*. Ein kleiner Bungalow, in der *Madiba* – so wird Mandela in Südafrika liebevoll genannt – vor seiner Verhaftung 1956 lebte. *Auskunft über Rundfahrten bei Jimmy's face to face Tours, Tel. 011/331 61 09*

MUSEEN

Insider Tipp

Apartheidmuseum [O]
Der Besuch dieses Museums ist ein Muss für jeden, der die politische Vergangenheit Südafrikas verstehen will. *Northern Parkway 8, Gold Reef Rd., Di–So 10–17 Uhr, Eintritt 25 Rand*

Museum Africa [122 A–B4]
Viele Informationen über das Leben aller Einwohner Südafrikas von der Steinzeit bis zu den Apartheidsjahren. *121, Bree St., Di–So 9–17 Uhr, Eintritt 5 Rand*

ESSEN & TRINKEN

Gramadoelas at the Market [122 B4]
Das Restaurant bietet die ganze Palette der reichen Küche Südafrikas. *Market Theatre Complex, Bree St., Tel. 011/838 69 60,* €€

Ile de France [O]
Klassische französische Gerichte werden hier modern aufgepeppt. Die Soufflés sind berühmt. *Cramerview Centre, 277, Main Rd., Bryanston, Tel. 011/706 28 37,* €€€

Moyo [122 B4]
Traditionelle afrikanische Gerichte in einem supermodern eingerichteten Restaurant. Es gibt auch kleine Separees für romantische Dinner zu zweit. *Market Theatre Complex, Bree St., Tel. 011/838 17 15,* €€

Wadie's Place [O]
Früher eine Shebeen in Soweto. Heute wird an fünf langen Tischen traditionelles Stammesessen serviert. *618, Markhalamele St., Dube Township, Tel. 011/982 27 96,* €

Yum [O]
Man vermutet es von außen kaum: Yum ist das Trendy-Restaurant schlechthin, und das Essen, eine Mischung aus Rezepten aus aller Welt, sehr gut. Unbedingt reservieren, am besten schon einige Tage vorher. *12, Gleneagles Rd., Greenside, Tel. 011/486 16 45,* €€

EINKAUFEN

African Rooftop Market [O] Insider Tipp
An über 450 Ständen wird alles vom Trödel bis zu Antiquitäten angeboten. *In der Rosebank Mall, 50, Bath Ave., nur So 9–17 Uhr*

Hyde Park Hall [O]
Kleines, aber besonders edles Einkaufszentrum. *Hyde Park, Jan Smuts Ave.*

Sandton City [O]
Das größte und beeindruckendste Shoppingcenter. *Im Stadtteil Sandton, Ecke Sandton/Rovonia Drive*

ÜBERNACHTEN

De Kuilen Country House [O]
In diesem Gästehaus, umgeben von einem Park mit See, kann man nicht glauben, dass man sich mitten in der Großstadt befindet. *4 Zi., 26 bis 30 Glenluce Drive, Sandton, Tel. 011/704 24 21, Fax 462 68 19,* €

The Fairlawns [O] Insider Tipp
Das schönste Hotel in Johannesburg. In den riesigen Zimmern und Suiten fühlen sich die Gäste wie in einem toskanischen Palazzo mit afrikanischem Flair. *19 Zi., Alma Rd., Morningside Manor, Tel. 011/804 25 40, Fax 802 72 61, www.fairlawns.co.za,* €€

Lolo's Bed and Breakfast [0]
Lolo und ihre Familie kümmern sich rührend um die Gäste und führen sie ein ins Townshipleben. *1320, Dieptloos Ext. 3, Soweto, Tel. 011/985 91 83 und 082/332 44 60, €*

Ten Bompas [0]
Jede der zehn Suiten hat ein anderes afrikanisches Thema, das von verschiedenen Innenarchitekten umgesetzt wurde. Es gibt Kamine in den Wohn- und Schlafzimmern und jedes Badezimmer hat eine Dampfsauna. *10 Zi., 10 Bompas Rd., Dunkeld West, Tel. 011/327 06 50, Fax 447 43 20, www.tenbompas.co.za, €€€*

Vergelegen Guest House [0]
Im Vorort Melrose in der Nähe des Einkaufszentrums Sandton City liegt das elegante kleine Hotel, umgeben von einem schönen Garten. Die opulent eingerichteten Zimmer erinnern an die Tage der Goldbarone. *9 Zi., 6, Tottenham Ave., Melrose Estate, Tel. 011/447 34 34, Fax 880 53 66, www.vergelegen-guesthouse.co.za, €€*

AM ABEND

Kilimanjaro [0]
Der neueste Johannesburger Club ist ultra chic. Die Einrichtung ist afrikanisch und modern, und so sind auch die Gäste. *17, High St., Melrose Arch., Tel. 011/214 43 00*

Insider Tipp **Market Theater** [122 B4]
Theater, das die besten Produktionen Südafrikas präsentiert. Außerdem gibt es einen Buchladen, eine Kunstgalerie, eine Bar und ein Restaurant. Das Künstlerzentrum ist in den alten Markthallen aus dem Jahr 1913 untergebracht. In der Umgebung liegen viele kleine alternative Geschäfte und Galerien. *Wolhuter St., Tel. 011/832 16 41*

AUSKUNFT

Gauteng Tourism Centre
The Rosebank Mall, Mo–Fr 9–17, Sa, So 9–14 Uhr, Tel. 011/327 20 00, www.gauteng.net

ZIELE IN DER UMGEBUNG

The Cradle of Humankind Nature Reserve [116 C4] Insider Tipp
1990 wurde das 47 000 ha große Gebiet von der Unesco zum Kulturerbe der Menschheit erklärt. Es besteht aus zwölf Fossilienfundstätten; eine davon ist die berühmte *Sterkfontein Cave.* Der älteste Fund *Little Food* ist 3,3 Mio. Jahre alt *(Komdraai Rd., Lanseria, Di–So 9–17 Uhr, Eintritt 12 Rand). 80 km von Johannesburg*

Sun City und Lost City [116 B3]
★ Nach zweieinhalb Stunden Autofahrt (110 km) von Johannesburg taucht das Vergnügungsparadies, das Las Vegas Südafrikas, wie eine Oase in der Wüste inmitten einer trockenen Buschlandschaft auf. In den drei Hotels mit Schwimmbädern und Sportanlagen werden die Gäste verwöhnt. Auf einem großen See können Sie Wassersport betreiben. Den 18-Loch-Golfplatz hat Gary Player angelegt. Alles ist künstlich. Kein Wasserfall, keine Palme, weder Flamingo noch Papagei waren hier, bevor es Sun City gab. Am Abend können Besucher zwischen mehreren Restaurants, dem Kasino, den Spielautomaten und Shows wählen. Es

werden auch Safaris in den nahe gelegenen *Naturschutzpark Pilanesberg* angeboten. Anfang der 1990er-Jahre ließ der Unternehmer Sol Kerzner auf 26 ha gleich neben Sun City ein weiteres Vergnügungszentrum errichten, die Lost City mit dem *Hotel Palace*. Ein durch und durch künstlicher Ort mit dem der Initiator den Mythos des Traum- und Märchenlands Afrika so kitschig umsetzte, dass es schon wieder schön ist. Sun-City hat eine Bahnstation und einen eigenen Flughafen, der täglich von Johannesburg aus angeflogen wird. Der *Sun-City-Express* bringt Tagesbesucher vom Parkplatz am Eingang zu den Vergnügungsstätten *(Eintritt 40 Rand, tgl. Busverbindung von Johannesburg, Sun City Busses, Tel. 011/915 80 00)*. Übernachtungsmöglichkeiten gibt es für jeden Geschmack und Geldbeutel in den vier Hotels des Vergnüngungsparks. Für Familien ist besonders das *Cabanas* zu empfehlen *(380 Zi., Tel. 014/557 12 72, Fax 557 42 27, €)*. Im *Palace* ist der Gast umgeben von Luxus und Kitsch *(338 Zi., Tel. 014/557 31 31, Fax 557 32 30, €€€); für alle Hotels www.sun-international.com.*

Wonder Cave **[116 C4]**
Die Tropfsteinhöhle ist über zwei Milliarden Jahre alt. Sie gehört zu den eindrucksvollsten Natursehenswürdigkeiten des Landes. *Hinter Randburg auf der R47, Tel. 012/957 01 06, tgl. 8–17 Uhr, Führungen alle 90 Min., Eintritt 15 Rand*

PRETORIA

[116 C4] Über Pretoria (4,7 Mio. Ew.) thront das Union Building, das der Architekt Sir Herbert Baker 1910 baute. Hier wird das Land regiert, wenn das Parlament nicht in Kapstadt tagt. In dem imposanten Gebäude mit einem Amphitheater,

Sun City – die Traummaschine in nächtlicher Aktion

Pretoria vom Union Building aus gesehen

fand auch die Amtseinführung Nelson Mandelas statt. Es ist umgeben von einem herrlichen Park, an dem die Residenzen von Ministern und Botschaftern liegen. Im Oktober verwandelt sich die ruhige Stadt in ein Blütenmeer. 70 000 Jakarandabäume blühen zartlila.

SEHENSWERTES

National Zoological Garden
Hier leben sage und schreibe 3500 Tierarten. Eine Seilbahn führt zu Aussichtspunkten oberhalb der Gehege. *Paul Kruger St., tgl. 8–18 Uhr, Eintritt 20 Rand*

Union Building
★ Der Regierungssitz liegt auf der *Meintjieskop.* Ein Meisterstück südafrikanischer Architektur. Mandela legte hier 1994 seinen Amtseid ab.

Vortrekker Monument
Es wurde als Denkmal und Museum 1947 gebaut im Andenken an den Sieg der Buren über die Zulus am Blood River im Jahr 1938. Für die konservativen Afrikaaner lange Zeit das Symbol ihrer Macht. *Do–Di 8–17, Mi 8–18 Uhr, Eintritt 18 Rand*

MUSEUM

Transvaal Museum
Geologische und archäologische Funde. Ausstellung über das Leben der prähistorischen Affenmenschen. *Paul Kruger St., Mo–Sa 9 bis 17, So 11–17 Uhr, Eintritt 6 Rand*

ESSEN & TRINKEN

Cynthia's
Klassiker der guten Küche werden hier in holzgetäfelten Räumen serviert. *Maroelana Centre, Maroelana St., Tel. 012/460 32 20,* **€€€**

Die Werf
Ambiente und Küche sind traditionell afrikaans. *66, Olympus Drive, Tel. 012/991 18 09,* **€**

EINKAUFEN

Menlyn Park Shopping Centre
Einkaufszentrum im Stadtteil Menlyn Park. *Atterbury Rd.*

Insider Tipp **Talking Beads**
Thembeka Nkamba-van Wyk startete 1997 das Projekt für arbeitslose schwarze Frauen. Nirgendwo kann man in Südafrika schönere Kunstwerke aus Perlen kaufen. *5, Proes St., Tel. 082/682 74 43*

ÜBERNACHTEN

Insider Tipp **Battiss Guest House**
Das Haus gehörte bis zu seinem Tod 1986 dem afrikanischen Maler Walter Battiss. Alle Zimmer sind mit Bildern oder Wandmalereien von ihm geschmückt. *6 Zi., 3, Fok Island, 20th St. Menlo Park, Tel./Fax 012/460 73 18, €*

Illyria House
Luxus erwartet Sie in diesem Hotel. *6 Zi., 327, Bourke St., Muckleneuk, Tel. 012/344 51 93, Fax 344 39 78, www.illyria.co.za, €€€*

Leriba Lodge
Umgeben von einem riesigen Garten am Ufer des Hennops-Flusses vermittelt das kleine Hotel mit großem Swimmingpool echtes Afrikagefühl. *22 Zi., 245, End Ave., Clubview, Tel. 012/660 33 00, Fax 660 24 33, www.leriba.co.za, €*

AUSKUNFT

Tourist Information
Church Sq., Mo–Fr 8–16.30, Sa 9–12 Uhr, Tel. 012/337 44 30, www.visitpretoria.co.za

ZIELE IN DER UMGEBUNG

Crocodile River Arts and Crafts Ramble [117 E3–4]
Sie fahren zu den Magaliesbergen, dann in Richtung Honeydew. Entlang der Route haben bekannte Künstler ihre Ateliers. Jedes erste Wochenende im Monat *(9–17 Uhr)* Verkaufsschau. *40 km von Pretoria*

Kruger National Park [117 E–F 1–3]
★ Der weltberühmte 2 Mio. ha große Wildpark beherbergt die größte Vielfalt an Tieren auf dem afrikanischen Kontinent. Hier leben 130 Säugetierarten, 48 Fisch-, 114 Reptilien- und 468 Vogelarten. Die Parkverwaltung listet u. a. folgende Tiere auf: 9000 Elefanten, 26 000 Büffel, 120 000 Impalas sowie Zebras, Löwen, Leoparden, Giraffen, Flusspferde und Nashörner.

An acht Stellen gibt es Einlasstore, vier sind von dem Ort *Nelspruit* an der N4 zu erreichen: *Malelane, Crocodile Bridge, Numbi* und das *Paul-Kruger-Tor.* Etwa in der Mitte des Parks liegen die Tore *Orpen* und *Phalabora,* und ganz im Norden befinden sich die Eingänge *Punda Maria* und *Pafuri.* Camps bieten Rundhütten oder Häuser zur Übernachtung an. In den kleineren Camps versorgt man sich selbst, die größeren, zum Beispiel *Pretoriuskop* und *Berg-en-dahl,* verfügen über Restaurants und Schwimmbäder.

In Südafrika erkannten die Verantwortlichen früh Bedeutung und Notwendigkeit des Naturschutzes. Bereits Ende des 19. Jhs. beschloss die Regierung, die Jagd auf dem Gebiet zwischen den Flüssen Sabie und Crocodile zu verbieten. So entstand der Kruger National Park.

Auf guten Straßen fahren Besucher in geschlossenen Autos durch den Park und können die Tiere beobachten. Die Höchstgeschwindigkeit auf Asphaltstraßen beträgt 50 km/h und auf Sandwegen

Mit einem Elefanten auf Tuchfühlung: Wildhüter im Kruger Park

40 km/h *(März–Okt. 5.30–18 Uhr, April 6–18 Uhr, Mai–Juli, Aug., Sept., 6–17.30 Uhr, Eintritt 30 Rand, PKW 24 Rand, Auskunft und Reservierung: National Parks Board, Tel. 012/343 19 91, Fax 343 20 00, www.parks-sa.co.za). 220 km von Pretoria*

Insider Tipp *The Outpost* an der Grenze zu Simbabwe und Mosambik ist das einzige private Camp im Kruger Park. Früher gehörte das Land dem Makuleke Stamm, den man aber enteignete, als das Gebiet Teil des Parks wurde. Anfang der 1990er-Jahre wurde ihr Landanspruch anerkannt und sie hielten den Besitz zurück. Der Stamm beschloss, ihn als Teil des Kruger Parks zu belassen, erteilte aber die Konzession zum Bau einer privaten Lodge. *The Outpost* hat zwölf komfortable Suiten *(Tel. 011/341 02 82, Fax 341 02 81, www.theoutpost.co.za, €€€).* Wer weder in den Camps des Parks noch in den teuren privaten Reserves übernachten möchte, für den ist das kleine *Hotel River House* in der Nähe des Eingangs Numbi das Richtige *(12 Zi., Tel. 013/790 13 33, www.icon.co.za/gardner, €).*

Limpopo **[116–117 C–E 1–3]**

Die nördlichste Provinz Südafrikas ist trotz einer produktiven Landwirtschaft die ärmste des Landes, auch weil große Teile des Gebietes in den Apartheidsjahren Homelands waren. Der Tourismus ist noch kaum entwickelt, obwohl ein Teil des Kruger Parks hier liegt.

Am Fuß der Klein-Drakensberge liegt die Stadt *Tzaneen* (80 000 Ew.) am Ufer des Letaba-Flusses. Der Name des Ortes kommt aus der Sprache der Hottentotten und bedeutet Korb. Gemeint ist damit das fruchtbare Tal, in das sich Tzaneen schmiegt. 15 km südlich des Städtchens, in *Agatha,* liegt *The Coach House,* eines der besten kleinen

Hotels in Südafrika *(45 Zi., Old Coach Rd., Tel. 015/306 80 00, Fax 306 80 08, www.coachhouse.co.za, €€). 175 km von Pretoria*

Mpumalanga **[117 D–E 3–4]**

Der größte Teil der Provinz ist subtropisch mit fruchtbaren Ebenen. Kommen Sie über die *Panorama Route,* bietet sich ein herrlicher Blick über die typisch afrikanische Landschaft mit Wäldern und Buschfeld. Man kann sich gut vorstellen, dass es den Voortrekkern nur mit Mühe und Ausdauer gelang, ihre Ochsenwagen über diese Berge zu bringen. Später, als unter anderem in *Barberton* Gold gefunden wurde, kamen auch Goldgräber. Da sich die Funde schnell erschöpften, blieb der Ort aber verträumt.

In Mpumalanga finden Sie einige der schönsten privaten Tierparks. *Sabi Sabi Game Reserve* wurde kürzlich vergrößert. Abends bekommen Sie hier gegrilltes Wild unter einem traumhaften Sternenhimmel serviert *(46 Zi., Tel. 011/483 39 39, Fax 483 37 99, www.sabisabi.com, €€€).*

Sabie ist eine der größeren Städte der Provinz. In der Umgebung der »Stadt der Wälder«, wie sie wegen des reichen Baumbestands auch genannt wird, gibt es viele Wasserfälle, z. B. die *Mac Mac Falls (10 km).* Von Sabie erreichen Sie über *Graskop* den *Blyde River Canyon (15 km),* einen landschaftlich besonders beeindruckenden Platz. Die beste Aussicht bietet *God's Window.* Nur 5 km von Graskop entfernt ist *Pilgrim's Rest,* das auch einmal eine kleine Goldgräberstadt war. Hier kann man sich vorstellen, wie es zu Zeiten des Goldrausches gewesen sein muss.

Der Eingang zum kleinen *Mount Sheba Nature Reserve* ist nur 20 km von Pilgrim's Rest entfernt. In diesem Park gibt es kein Großwild, sondern es tummeln sich Affen in riesigen Bäumen *(tgl. 6–22 Uhr, Eintritt 15 Rand).* Übernachten können Sie in der *Mount Sheba Country Lodge (25 Zi., Tel. 013/768 12 41, Fax 768 12 48, www.threecities.co.za/game, €€).*

Northwest Province **[116 B3]**

Viele Besucher zieht es in die Northwest Province. Das liegt auch an den schönen Wildreservaten. Das *Pilanesberg Game Reserve* ist Insider Tipp besonders beliebt, weil es so nah an Johannesburg (110 km) liegt, dass es auch für Besucher mit wenig Zeit möglich ist, Wildtiere, u. a. die *Big Five* in ihrer Umgebung zu sehen *(April–Aug. tgl. 6–18.30 Uhr, Sept. bis März tgl. 5–17 Uhr, Eintritt 20 Rand, PKW 15 Rand).*

Ganz im Norden liegt das *Madikwe Game Reserve.* Insider Tipp Dieser Park hat zwei riesige Vorteile: Er ist malariafrei. Und er hat nur wenige Besucher, auch, weil man sich nicht mit einem Tagesbesuch begnügen kann, sondern sich in eines der zehn privaten Camps einmieten muss. Das preiswerteste ist das *Mosetha Bush Camp.* Es gibt keinen Strom, und man duscht unter freiem Himmel, aber die Atmosphäre ist super *(18 Zi., Tel. 011/802 62 22, www.thebushcamp.com, €).* Das ungewöhnlichste und auch luxuriöseste ist *Jaqui's Tree Lodge.* Die Zimmer sind in acht riesigen Baumhäusern untergebracht, die sich wunderbar in die Umgebung einpassen *(8 Zi., Tel. 014/533 38 34, Fax 533 25 21, www.madikwe.com, €€€).*

Blumen, Wein und Wüste

Die Touren sind in der Karte auf dem hinteren Umschlag und im Reiseatlas ab Seite 114 grün markiert

1 WEINSTRASSE FÜR DEN BESONDEREN GESCHMACK

Diese Tour ist auch für jene Weinfans interessant, die die bekannten Anbaugebiete schon kennen. Die Autotour beginnt in Franschhoek und führt nach Villiersdorp. Von dort geht es über Worcester, Nuy, Robertson bis nach Swellendam. Die Strecke ist 200 km lang. Nehmen Sie sich einen ganzen Tag Zeit für sie.

Von *Franschhoek (S. 54)*, der kulinarischen Hauptstadt Südafrikas, geht es über den *Franschhoek-Pass*. Vom höchsten Punkt führt eine sich durch Berge windende Straße zum großen Stausee *Theewaterskloofdam*. Umgeben ist er teilweise von einem Wildpark (ohne Zäune). Weiter geht es nach *Villiersdorp*, wo das Weinanbaugebiet wieder beginnt. Alle 80 Farmer dieser Region beliefern eine Genossenschaft. Die Weine können Sie im *Kelkiewyn Farmstall (Main Rd.)* kosten und kaufen.

Hier reifen gute Weine – probieren Sie!

Auf der R 43 geht es weiter nach *Worcester*, das umgeben ist vom größten Weinanbaugebiet des Landes. Das *Kleinplasie Open Air Living Museum* erzählt von Leben und Arbeit der frühen Pioniere und Bauern. Die Gebäude sind Nachbildungen von Häusern aus verschiedenen Gegenden der Kapregion *(Mo–Sa 9–16.30, So 10.30 bis 16.30 Uhr, Eintritt 12 Rand)*. Das Museum liegt etwas außerhalb an der R 60 in Richtung Robertson, wohin die Reise weitergeht.

Nach 15 km biegen Sie links nach *Nuy* ab. Hier gibt es neben vorzüglichen Weinen das ungewöhnliche Gasthaus *Nuy Valley*. Insider Tipp Neben einem Landrestaurant und schönen Gästezimmern bietet Familie Conradie Schlafmöglichkeiten in alten Weintanks aus Zement *(28 Zi., Tel. 023/342 12 58, Fax 347 13 56, www.nuyvallei.co.za, €)*.

Ein paar Kilometer weiter auf der R 60 beginnt das *Robertson Valley*, das Tal des Weins und der Rosen. Die erste Weingenossenschaft, auf die Sie treffen, ist *Rooiberg*, ein Insider Tipp Geheimtipp für einen sehr guten und preiswerten Tropfen. Besonders empfehlenswert ist der Dessertwein Rooi Jerepiko. Das

Restaurant *Branewynsdraai* am Ortseingang von Robertson bietet gutes Essen und exzellente Weine aus der Region *(Kromhout St., Tel. 023/626 32 02, €)*.

Von Robertson geht es weiter auf der R 60. Etwas von der Hauptstraße abgelegen auf der linken Seite liegt das Insider Tipp *Fraai Uitzicht 1798*, ein sehr hübsches und preiswertes Gasthaus mit einem tollen Restaurant, das Deutschen gehört *(8 Zi., Tel./Fax 023/626 61 56, www.fraaiuitzicht.com, €)*.

12 km weiter auf der R 60 geht es nach rechts auf die R 312, an der sehr gute Weingüter liegen, z. B. Insider Tipp *Bon Courage, De Wetshof, Van Loveren* und *Zandvliet*, berühmt für seinen hervorragenden Shiraz. In Bonnievale geht es wieder auf die R 60, die auf die N 2 stößt. An dieser Stelle liegt *Swellendam*, ein ganz besonders hübsches historisches Dorf. Die drittälteste Siedlung am Kap wurde bereits 1745 gegründet. In einem der alten Herrenhäuser befindet sich das *Tourist Information Bureau (36, Voortrek St., Tel. 028/514 27 70)*. Das *Drostdy Museum (Drostdy St., Mo–Sa 9–16 Uhr, Eintritt 10 Rand)*, ein Freilichtmuseum, besteht aus eindrucksvollen Gebäuden aus der zweiten Hälfte des 18. Jhs. Damals erlebte die Handelsmetropole Swellendam ihre Blütezeit. Im Ort gibt es viele besonders schöne Übernachtungsmöglichkeiten. Sehr zu empfehlen ist das *Bloomestate* mit großen Zimmern und beheiztem Swimmingpool *(4 Zi., 276 Voortrek St., Tel. 028/514 29 84, Fax 514 38 22, www.blooomestate.com, €)*. Auch gute Restaurants finden Sie. In den letzten Jahren habe sich Belgier im Ort niedergelassen, die ihre Gäste mit Köstlichkeiten verwöhnen, z. B. *La Belle Alliance (Swellengrebel St., Tel. 028/514 22 52, €)*.

2 FAHRT INS BLUMENWUNDERLAND

Von August bis Oktober blühen im Westen der Kapprovinz Millionen Wildblumen, Blütenmeere in allen Regenbogenfarben. Die Pracht beginnt in Darling und reicht fast bis Springbok. Das Gebiet heißt Namaqualand, die Blumen heißen Namaqualand Daisies. Für diese Tour sollten Sie sich zwei bis drei Tage Zeit nehmen, denn es sind 500 km von Kapstadt bis Vanrhynsdorp, und es gibt viel zu sehen.

Auf der N 7 führt die Reise bis zur Ausfahrt Malmesbury. Von dort geht es links nach *Darling*, einem Lieblingsort der Kapstädter. Er wurde noch populärer, nachdem Pieter Dirk-Uys, Südafrikas bester Kabarettist, vor einigen Jahren sein Theater und Restaurant im alten Bahnhof eröffnet hatte. Schon zu Zeiten der Apartheid machte er als Evita Bezuidenhout, die die Regierung aufs Korn nahm, Furore. Das Theater heißt *Evita se Peron*, übersetzt Evitas Plattform *(Tel. 022/492 28 31, www.evita.co.za, €)*. Heute leben viele Maler und Töpfer in Darling. Ihre Werke werden im *Darling Museum (Ecke Pastorie/Hill St., tgl. 9–13 und 14–16 Uhr)* ausgestellt. Gutes deutsches Essen bekommen Sie im Restaurant *Zum Schatzi (Long St., Tel. 022/492 30 95, €)*. Das schönste B & B ist *Trinity Lodge (19, Long St., Tel. 022/492 34 30, www.trinitylodge.co.za, €)*. Von Darling führen die R 307 und dann

Das Namaqualand im Frühling: Farbrausch auf kargem Boden

die R 45 nach *Hopefield*. Ganz in der Nähe liegt der *West Coast Fossil Park (Mo–Fr 9–16, Sa, So 9–13 Uhr, Eintritt 5 Rand)*.

Insider Tipp Zwischen Hopefield und Velddrif liegt *Kersefontein*, die schönste Möglichkeit, auf einem kapholländischen Gut zu übernachten. Seit 300 Jahren befindet es sich im Besitz der Familie Melck *(Tel./Fax 022/783 08 50, www.kersefontein.co.za, €€)*.

Velddrif liegt an der Mündung des Berg-Rivers in den Atlantik – eine spektakuläre Lage. Gehen Sie in die *West Coast Gallery*. Dort gibt es Werke lokaler Künstler und interessante Produkte aus Seesalz, z. B. *Khoisan Bath Crystals*. Dieser Badezusatz hat einen hohen Mineralwert und soll gegen Schmerzen helfen und entgiften.

Die R 399 führt zurück auf die N 7. Von dort geht die Fahrt weiter in nördlicher Richtung bis nach *Clanwilliam*. Mitten im Ort liegt das *Hotel Strassberger*, wo das Essen gut und die Übernachtung preiswert ist *(24 Zi., Tel. 027/482 11 01, Fax 482 26 78, €)*.

Um zum nächsten Ziel zu kommen, fahren Sie nicht in den Ort, sondern von der Autobahnausfahrt 36 km auf der R 364. Dann taucht das Schild *Bushmans Kloof Wilderness Reserve* auf. Jetzt sind es nur noch 8 km bis zu diesem ganz besonderen Hotel mit Wildreservat. Der private Tierpark am Fuß des Cedarberg-Gebirges bietet 140 Vogelarten und wilden Tieren der Region (vom Bergzebra über den Gämsbock bis zur Wildkatze) eine Heimstatt und birgt 125 Fundstellen von zum Teil sehr gut erhaltenen Buschmannzeichnungen, die hauptsächlich Tiere und Menschen zeigen. Übernachten können Sie im *Bushmans-Kloof Wilderness Reserve (16 Zi., Tel. 021/797 09 90, Fax 76 11 55 51, www.bushmanskloof.co.za, €€€)*.

Die R 363 führt von hier auf die R 27 und links nach *Nieuwoudtville*. Vom Plateau des *Bokkeveld-Berges* haben Sie eine tolle Aussicht auf die Blumenpracht. Übernachtungsmöglichkeit: *Van Zijl Guest Houses and Restaurant (8 Zi., Tel. 027/218 15 35, Fax 218 14 26, €)*. In *Vanrhynsdorp* geht es wieder auf die N 7, die Sie entweder zurück nach Kapstadt oder weiter nach Namibia führt.

3 MIT DEM LUXUSZUG DURCH SÜDAFRIKA

Wer elegant und stilvoll durch das Land am Kap reisen möchte, sollte eine Bahnfahrt mit der Rovos Rail buchen: z. B. von Pretoria nach Kapstadt. 48 Stunden lang werden Sie mit allem Komfort verwöhnt und haben 1600 km lang Zeit, die Landschaft der Karoo zu genießen.

Samstagnachmittag im Bahnhof von *Pretoria (S. 81):* Durch das eindrucksvoll-trutzige Gebäude, das 1920 von Sir Herbert Baker gebaut wurde, klingen zarte Töne eines Streichquartetts. Gut gekleidete Menschen versammeln sich erwartungsvoll. Es wird Champagner serviert. Die Lok, die heute den Zug den ersten Teil der Strecke zieht, ist die »Pride of Africa«.

Rovos Rail bietet zwei Übernachtungsmöglichkeiten: Die Royal Suites sind ungefähr 16 m^2 groß; dazu gehören ein Doppelbett und ein Wohnbereich. Im Badezimmer wurden die alten Elemente mit modernen kombiniert. Die De-Luxe-Suiten sind etwa 11 m^2 groß. Nach der Abfahrt treffen sich die Gäste im Wagen Nr. 226, dem »Observation and Bar Car«. Die Fenster wurden vergrößert, und ein Teil der Zugwände ist verglast, um möglichst viel Aussicht zu bieten. Um 20 Uhr wird das Dinner serviert. Die meisten Gäste ziehen sich elegant an. Es fahren nie mehr Gäste mit, als im Speisewagen sitzen können. Die Speisen sind erlesen, ausgewählt die südafrikanischen Weine. Am Sonntagmorgen wird das Frühstück um 8 Uhr serviert. Um 10 Uhr erreicht der Zug *Kimberley (S. 34),* wo die Reisenden zu einer Stadtrundfahrt und einem Besuch im *Kimberley Club,* dem alten Club der Diamantenbarone, eingeladen sind. Erst nach über 700 km Fahrt durch die *Karoo* kommt der nächste Halt. Zum Frühstück am Montag hält der Zug in *Matjiesfontein,* einem historischen Dorf in der Halb-

Die Zugreise führt über 700 km durch die Karoo

wüste. Im Jahr 1876 entdeckte der lungenkranke Schotte Douglas Logan die heilende Wirkung des trockenen Klimas für seine Krankheit. Für einige Jahrzehnte verwandelte er das Dorf in einen Luftkurort, der gern von der Prominenz besucht wurde. Noch heute ist Matjiesfontein fast so erhalten wie zu Logans Zeiten.

Nach weiteren zwei Stunden Fahrt ändert sich die Landschaft. Das fruchtbare *Kap* ist erreicht. Welch ein Augenschmaus nach der Halbwüste Karoo! Vorbei an kapholländischen Farmen zwischen Weinbergen und Obstgärten, nähert sich der Zug *Kapstadt (S. 45)*. Die Reise endet um 18 Uhr auf dem Kapstädter Bahnhof *(Preise und Buchungsinformationen S. 102)*.

4 MIT DEM BAZ BUS VON JOHANNESBURG NACH KAPSTADT

Rucksacktouristen leben günstig in Südafrika und fahren mit dem Baz Bus (Tel. 021/ 439 23 23, Fax 439 23 43, www.bazbus.com). Auf der Strecke von Johannesburg nach Kapstadt oder umgekehrt können Sie beliebig oft aus- und zusteigen. Einfache Strecke 1650 Rand; Rückfahrkarte 2990 Rand.

Vor dem Abflug in Deutschland sollten Sie Ihr erstes Backpacker-Hotel buchen. In Johannesburg ist das *Shoestrings African Lodge* besonders zu empfehlen. Der Besitzer Rob holt seine Gäste kostenlos vom Flughafen ab *(Tel. 011/975 04 74, www.shoestringsafrica.com, €)*. Im Hotel liegt die Bibel für Rucksackreisende aus: »Coast to Coast«, die die schönsten Pensionen für Backpackers auflistet.

Der Bus holt Fahrgäste an vielen Backpacker-Hotels ab, Sie sollten einen Tag im Voraus buchen. Die Reise geht entweder über Swaziland *(S. 71)* oder die Drakensberge *(S. 73)* bis Durban. In Swaziland übernachten Sie gut im *Swaziland Backpackers (Manzini, Tel. 0268/581 72 25, swazilandbackpackers@realnet.co.sz)*. In *Durban (S. 68)* muss übernachtet werden, z. B. im *Banana Backpackers, (61 Pine St., Tel. 031/ 368 40 62, aroutes@iafrica.com, €)*. Für einen Aufpreis bietet der Baz in Durban, Port Elizabeth und Kapstadt eine Stadtrundfahrt an. Auf der Strecke zwischen Durban und Port Elizabeth liegen drei der schönsten Pensionen Südafrikas für Rucksacktouristen: *The Coffee Shack* direkt am Strand in dem einsam gelegenen Küstenort *Coffee Bay (Tel. 047/575 20 48, coffeeshack@wildcoast.co.za, €)*; das *Buccaneers Backpackers* (Insider Tipp) in *Cintsa* mit herrlichem Blick über die Strände des Indischen Ozeans *(Tel. 043/ 734 30 12, cintsa@iafrica.com, €)*; das *Away with the Fairies* in *Hogsback*. Wie der Name schon sagt, hier fühlt man sich ein bisschen verzaubert in einem wunderschönen, riesigen Garten *(Tel. 045/962 10 31, hogsback@iafrica.com, €)*.

In *Port Elizabeth (S. 40)* muss wieder übernachtet werden, da der Busfahrer hier pausiert. Ihr nächster Stopp danach sollte *Jeffrey's Bay (S. 43)* sein – ein Muss.

Auf der Weiterfahrt nach Kapstadt ist die Übernachtung im *Stanley Island Backpackers* in *Plettenberg Bay (S. 38)* sehr zu empfehlen *(Tel. 044/535 94 42, bhbecke@global.co.za, €)*.

Fast alles ist möglich

Geruhsames Golfspiel, Gänsehaut erregendes Tauchen mit Haien, aberwitzig steile Mountainbiketouren

Dank des Klimas lieben Südafrikaner einfach alles, was im Freien gemacht werden kann. Und Sport steht ganz oben auf der Beliebtheitsskale. Das beginnt schon in frühester Jugend: Am Nachmittag stehen im Sommer Fußball, Kricket und Wasserball, im Winter Rugby und Hockey auf dem Stundenplan der Schulen. Aber auch Tennis, Golf und Leichtathletik werden unterrichtet. Und die allermeisten bleiben auch im Erwachsenenalter beim Sport. Das Angebot kann sich jedenfalls sehen lassen.

ABSEILEN

Abseilen ist vom Tafelberg möglich. Vier Stunden dauert der Aufstieg, bevor es dann endlich mit einem Adrenalinkick nach unten geht *(Tel. 021/424 15 80)*. Einen nicht so langen Aufstieg erfordert das Abseilen von den Knysna Heads an der Garden Route *(Tel. 044/382 16 93)*.

BALLOONING

Wer eine ruhige Art des Abenteuers sucht, der sollte sich das Land aus der Luft anschauen, bei einer Ballonsafari. *Sun Catcher Hot Air Ballon Safari (Tel. 083/626 55 96)* startet von Jeffrey's Bay am Ostkap. Man fliegt an der Küste entlang und über Wildreservate. Zum Abschluss gibt es ein Champagnerfrühstück.

Manche Sportarten bieten ganz besondere Aus- und Einsichten

BUNGEEJUMPING

Zwischen Kapstadt und Knysna gibt es eine Brücke über den Goritz-Fluss. Von hier aus wird der höchste Bungeesprung der Welt angeboten – 216 m geht's in die Tiefe! *Tel. 044/697 70 01, www.faceadrenalin.com*

FISCHEN

Hochseefischen wird in allen Küstenstädten angeboten. Täglich fährt zum Beispiel das Boot »Wild Thing« von der Waterfront in Kapstadt in die fischreichen Gewässer um das Kap der Guten Hoffnung *(Tel. 021/418 07 82)*. In Durban werden die Ausflüge von *Gravity* angeboten, mit der Möglichkeit, einen Hai zu fangen *(Tel. 031/564 57 36)*.

GOLF

Golf erfreut sich besonderer Beliebtheit – sowohl bei den Einheimischen als auch bei den Besuchern. Über 400 Anlagen verfügt das Land; so gut wie jeder kleine

Ort hat einen Golfplatz. Viele Turniere werden ausgetragen. In der Kalahari sind die Plätze naturgemäß ein bisschen trockener als im tropischen Klima am Indischen Ozean. Bis auf den Mittwochnachmittag, wenn Geschäftsleute, Ärzte und Anwälte traditionell frei nehmen und die Zeit gern mit Golfspielen verbringen, sind die Plätze leer. Das Green Fee ist kaum der Rede wert. Bei *South African Tourism (S. 101)* können Sie die Broschüre »Golf in Südafrika« bekommen.

Die schönsten Golfhotels mit den entsprechenden Anlagen sind *Zimbali (S. 72)* in der Nähe von Durban; *Fancourt (S. 31)* an der Garden Route und *Western Cape Hotel (145 Zi., Tel. 028/284 00 00, www.arabella.sheraton.com, €€€)*, 100 km von Kapstadt entfernt.

HAIFISCHTAUCHEN

Wer mit den Haien tauchen möchte, kann das in *Gansbaai* (etwas mehr als eine Autostunde von Kapstadt). Hier fährt *Jackie Smit,* der vor Jahren von einem großen weißen Hai angegriffen wurde und ihn in einem Kampf um Leben und Tod besiegte, mit Abenteuerlustigen aufs Meer. Sobald ein Hai oder mehrere entdeckt sind, wird der Taucher in einem Käfig ins Wasser gelassen. *Tel. 028/384 13 80, www.whitesharkdiving.com*

MOTORRADFAHREN

Liebhaber vieler Pferdestärken können Touren durch die Kapregion auf Motorrädern unternehmen. Die kürzeste ist eine Tagesfahrt um die Kaphalbinsel, die längste führt von Kapstadt an die Garden Route und zurück (4–8 Tage). *Harley Davidson Cape Town, Tel. 021/424 39 90, Fax 424 39 92 www.harley-davidson-cape-town.com* Insider Tipp

MOUNTAINBIKING

Noch vor einigen Jahren gab es kaum ein Fahrrad für Touristen in Südafrika. Das hat sich grundlegend geändert. Überall werden sie vermietet. Eine Downhill Adventures Tour mit dem Mountainbike führt den Tafelberg hinunter, bei einem Gefälle bis zu 90 Prozent. Auf der Hälfte der Strecke ist eine kleine Abkühlung in einem See eingeplant. Auskunft und Ausrüstung: *Downhill Adventures, Tel. 021/422 03 88* Insider Tipp

REITEN

Reiter finden einen der schönsten Plätze am endlosen Strand von *Noerdhoek,* das auf dem Weg zum Cape Point liegt. Pferde vermietet dort: *Sleepy Hollow Horseriding (Tel. 021/789 23 41).*

Pferdesafaris in der Kalahari bietet *Tswalu (S. 36).* Reiter können wählen zwischen einem einstündigen Ausflug oder einem Tagesritt mit Picknick unter schattigen Bäumen und anschließender kleiner Siesta.

SURFEN

Surfer aus aller Welt kommen nach Südafrika wegen der phantastischen Wellen. Ein besonders beliebter Platz ist *Jeffrey's Bay* am Indischen Ozean. Profis behaupten, dass es auf der ganzen Welt kaum bessere Wellen gibt *(Info: South Coast Surf School, Tel. 082/*

Ob mit oder ohne Segel, Surfer finden beste Bedingungen

576 42 59). Ganz Robuste, die ihr Glück im kalten Wasser des Atlantiks in Kapstadt versuchen wollen, bekommen Auskunft bei *Downhill Adventures (Tel. 021/422 03 88).*

TAUCHEN

Tauchen ist auch ohne Haie in Südafrika interessant. Besonders schön ist die Unterwasserlandschaft in der Plettenberg Bay. Ausrüstung wird vermietet bei *Diving International (Tel. 044/533 03 81).*

In Kapstadt ist die beste Zeit fürs Tauchen Juni bis Oktober, sonst bläst der Wind oft zu heftig. Kurse und Ausrüstung bei *Two Ocean Divers (Tel. 021/790 88 33, www.two-ocean.co.za).*

WANDERN

Wer nicht Aufregung, sondern Ruhe sucht, der sollte wandern. Zum Beispiel auf dem *Otter Trail* im *Tsitsikamma National Park.* Fünf Tage geht es am Ozean entlang. Sie brauchen eine Wandergenehmigung (ein Jahr im Voraus beantragen!), ohne die Sie nicht in den Hütten übernachten können *(Info: Tel. 012/343 19 91, reservations@parks-sa.co.za).*

Das *Naval Hill Game Reserve* in der Nähe von Bloemfontein bietet ein ganz anderes Erlebnis. Auf dem Weg die steilen Hügel hinauf, mit einer Aussicht auf die ganze Region, begegnen Ihnen Springbock, Gämsbock und Gnu. Außerdem leben hier drei Giraffen und viele Strauße, die manchmal allerdings ein bisschen aggressiv sein können (Auskunft: *Bloemfontein Tourism, Tel. 051/405 84 90).*

WILDWASSERFAHRTEN

Auf vielen Flüssen des Landes werden Wildwasserfahrten im Schlauchboot oder Kanu angeboten. Die aufregendste ist die Fahrt auf dem *Orange River.* Sie dauert drei Tage (Auskunft: *Felix Unite, Tel. 021/670 13 00, www.felixunite.com).*

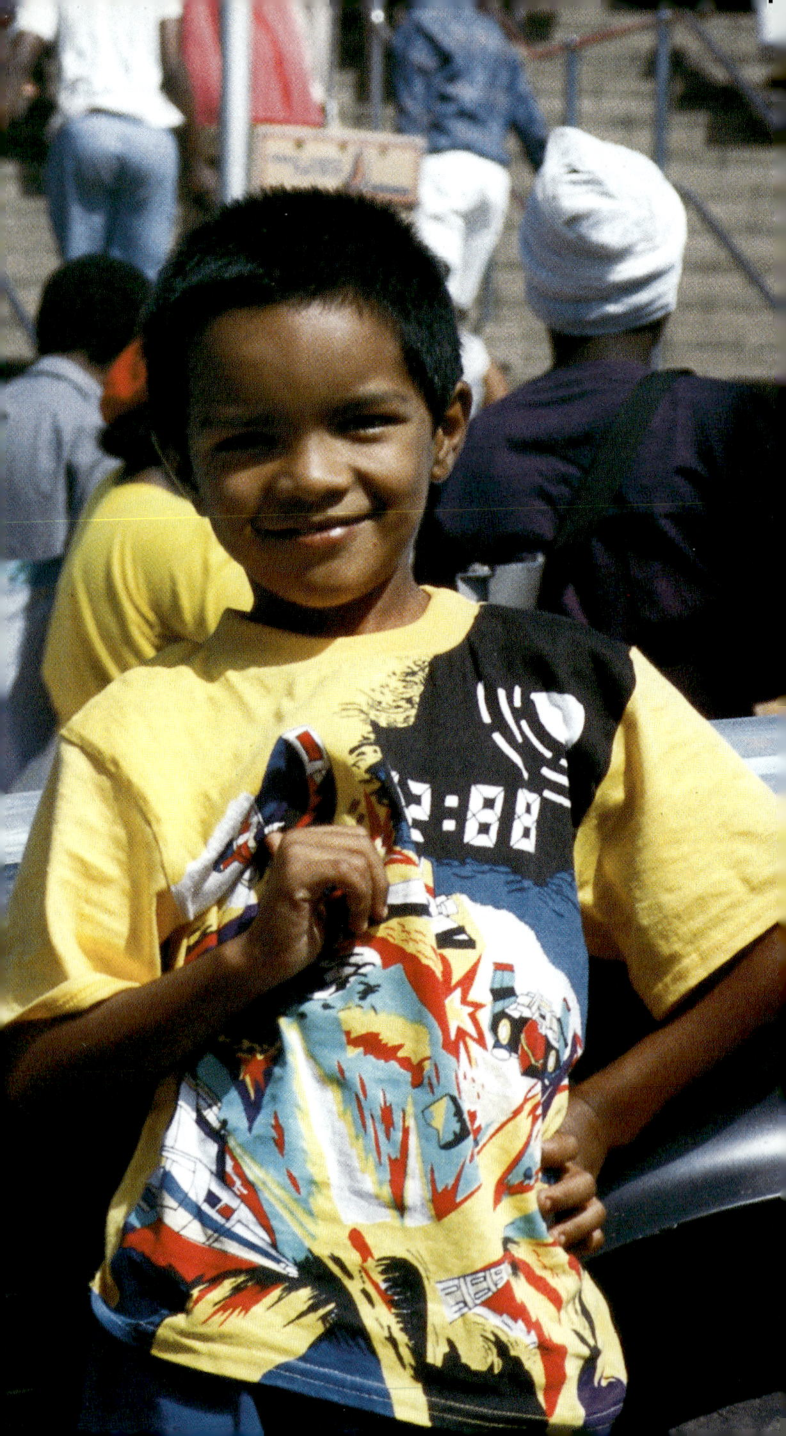

Spaß für die ganze Familie

Vergnügungsparks, Tiere, Bootstouren – das Angebot für Kinder ist vielfältig

Südafrika ist ein sehr kinderfreundliches Land, was sicher auch damit zusammenhängt, dass die meisten Familien hier sehr viel größer sind als in Europa. Zahlreiche Restaurants haben Kindermenüs auf der Karte, und die Bedienung ist immer sehr freundlich zu kleinen Gästen. Sogar Malbücher und Buntstifte haben einige im Angebot. In großen Hotels gibt es üblicherweise einen Babysitterservice, einige bieten auch Kinderprogramme an. Alle populären Strände haben Rettungsschwimmer, die so aussehen wie in der Fernsehserie »Baywatch«.

Bei Ferienbuchungen sollten Familien mit Kindern aber auf eine Besonderheit vorbereitet sein: Es ist neuerdings schwierig, in kleinen Gästehäusern und B & B unterzukommen. Oft handelt es sich um gut eingerichtete Privathäuser, deren Eigentümer fürchten, kleine Kinder könnten das Interieur beschädigen. So hat es sich in den letzten Jahren immer stärker eingebürgert, Kinder erst ab 12, 14 oder gar ab 16 Jahren als Gäste zu akzeptieren.

Dieser charmante Knirps ist in Durban zu Hause

KAPPROVINZEN

Oceans Safaris **[119 E6]**
Bootsausflüge ab Plettenberg Bay, um Wale, Delphine und Seehunde aus der Nähe zu beobachten. *Ab 12 Jahre, 300 Rand, Tel. 044/ 533 49 63*

KAPSTADT UND UMGEBUNG

Duiker Island **[118 B6]**
Von dem kleinen Hafen in Hout Bay fahren Boote die kurze Strecke zur Duiker-Insel, die mit Tausenden Seehunden bevölkert ist. Besonders empfehlenswert ist die Fahrt mit der »Calypso«. Sie hat Fenster im Schiffsboden, sodass sich schon auf der Fahrt das Treiben im Meer beobachten lässt. *30 Rand, Tel. 021/ 790 10 40*

Monkey Town **[118 B5]**
20 Affenarten leben hier in großen Freigehegen, durch die die Besucher geführt werden. Alle Tiere wurden andernorts in Gefangenschaft geboren, doch nicht artgerecht gehalten. Der Tierschutzverein hat sie hierher gebracht. *Mondeor Rd., Somerset West, Kapstadt, tgl. 9–17 Uhr, Eintritt 40 Rand*

Planetarium **[U A4]**
Kinder werden hier mit einer speziellen Show (Englisch) in die Geheimnisse des Universums eingeführt. *25, Queen Victoria St., Kapstadt, Tel. 021/481 38 00, Vorträge für Kinder bis 13 Jahre Sa, So 12 Uhr, für ältere Sa, So 14.30, Mo, Mi und Fr 14, Di 20 Uhr, Eintritt 30 Rand*

Ratanga Junction **[118 B5]**
Weltklasse-Vergnügungspark. Achterbahnen der besonderen Art, Karussells, die auch den jungen Besuchern die Haare zu Berge stehen lassen, Wasserrutschen und vieles mehr. *Auf der N1 5 km von Kapstadt in Richtung Paarl, Tel. 086/120 03 00, Mi–Fr und So 10 bis 17.30, Sa 10–18 Uhr, Eintritt ab 8 Jahren 90 Rand, enthält alle Fahrten auf den Bahnen*

Scratch Patch **[U F1–2]**
In riesigen Kisten, in denen die Kinder sitzen können, liegen hier Hunderttausende polierter Halbedelsteine. In aller Ruhe lässt sich ein kleiner (oder auch größerer, das kommt natürlich auf das Familienbudget an) Beutel mit den Juwelen Afrikas zusammensuchen. Vorm Bezahlen werden die Steine gewogen. Außerdem gibt es noch einen Höhlenminigolfplatz. *Gegenüber vom Two Oceans Aquarium in der Waterfront, Kapstadt, Tel. 021/419 94 29, Mo–Fr 8.30–17.15, Sa, So 9–17.30 Uhr, Eintritt frei*

Wiesenhof Wildpark **[118 B5]**
15 km von Kapstadt: Picknickplatz, Schwimmbäder, eine Rollerskatingbahn und ein Reservat mit Geparden, Zebras und anderen Tieren. *Stellenbosch, auf der R44 bei Klapmuts, Tel. 021/875 51 81, Di–So 18 Uhr, Eintritt 22 Rand*

World of Birds **[118 B6]**
Mehr als 3000 Vögel leben hier in einem riesigen Käfig, durch den die Besucher in einem Drahttunnel laufen. *Hout Bay, Tel. 021/790 27 30, tgl. 9–17 Uhr, Eintritt 40 Rand*

KWAZULU-NATAL

Funworld **[121 E3]**
Kleiner Vergnügungspark mit Autoskooter, Karussells und vielem mehr. *Durban, neben Sea World, Beach Rd., Tel. 031/332 97 76, Di–So 11–18 Uhr, bis 12 Jahre Eintritt 20 Rand*

Natal Maritime Museum **[121 E3]** Insider Tipp
Außergewöhnliches Museum, das aus drei Kriegsschiffen besteht und wie ein riesiger Spielplatz wirkt. Die Besucher können sich frei bewegen. Alles ist bunt angemalt und mit Erklärungen versehen. *Beach Rd., Durban, Mo–Sa 8.30–15.45, So 11–15.45 Uhr, Eintritt frei*

Snake Park **[121 E3]**
Schlangen aller Art und Größe. *Tgl. 9–16.30 Uhr, Schlangenvorführung 10, 10.30, 13, 14.30 und 15.30 Uhr, Fütterung der Krokodile 14 Uhr, 240A, Lower Marine Parade, North Beach, Durban, Tel. 073/56 96 06, Eintritt 12 Rand*

NORDPROVINZEN

Footloose Troutfarm **[116 C4]**
Hier dürfen nur Kinder Forellen fischen. Die gefangenen Fische können gekauft werden. *Johannesburg, bei der Anmeldung um Wegbe-*

Die Hirtenjungen kennen sich aus mit der Natur

schreibung bitten, Tel. 011/ 464 22 01, Di–Fr 7.30–17, Sa, So 7–18 Uhr, Eintritt 30 Rand

Gold Reef City Vergnügungspark [116 C4]
Mehr als 20 aufregende Bahnen und Karussells sorgen für Vergnügen. Die Fahrt in einen 200 m tiefen Schacht, wo früher Gold abgebaut wurde, ist mit Sicherheit der Höhepunkt. *Johannesburg, M1 Richung Süden, Ausfahrt Gold Reef City, Tel. 011/248 68 00, tgl. 9.30–17 Uhr, Eintrittt ab 8 Jahre 60 Rand (einschließlich aller Fahrten)*

Johannesburger Zoo [116 C4]
Über 3000 Tierarten. Wer die *Big Five* im Kruger National Park nicht gesehen hat, kann das hier nachholen. Im Zoo lebt ein berühmter Gorilla, der einmal sogar Einbrecher geschnappt hat. Es gibt auch Nachtführungen. *Forest Town, tgl. 8.30–17.30 Uhr, Eintritt 30 Rand*

Lipizzaner [116 C4]
Kyalami, zwischen Johannesburg und Pretoria, ist einer der ganz wenigen Orte auf der Welt, wo Sie Lipizzaner in Aktion sehen können. *So 11–12.45 Uhr, Eintritt ab 6 Jahre 30 Rand, Tel. 011/468 27 19*

Wellenbad in der Lost City [116 B3] Insider Tipp
Openairwellenbad mit Wasserrutschen für Besucher jeden Alters. Die aufregendste dürfen nur Kinder benutzten; sie müssen allerdings über 1,20 m groß sein. Deshalb wird jeder der jungen Gäste gemessen. Es gibt außerdem einen kleinen Fluss, auf dem man langsam in einem Schlauchboot durch einen Urwald treiben kann, und einen Platz für Beachvolleyballspiele. Das Tollste aber ist: Jede Stunde wird ein Vulkanausbruch oder ein Erdbeben in einer nachgebauten Mine simuliert. *Lost City, tgl. 9–18 Uhr, Eintritt 30 Rand*

Angesagt!

Was Sie wissen sollten über Trends, die Szene und Kuriositäten in Südafrika

Heißer Mix

Kwaito heißt die ganz eigene Musikrichtung am Kap; eine Mischung aus Townshipmusik, Techno, Jazz und Mainstream. In zahlreichen Clubs in Kapstadt, Johannesburg und Durban treten noch unbekannte Bands auf, die Kwaito spielen und ihre CDs, die Sie in Musikgeschäften nicht finden, verkaufen. In Läden bekommt man CDs nur von den bekanntesten Bands wie TKZee. Etwas weniger ursprünglich, aber sehr erfolgreich, ist die Gruppe Mango Grove.

Zuschauen und Feiern

Die großen Rugby- und Kricketspiele haben Volksfestcharakter. Schon die phantasievollen und farbenprächtigen Outfits der Fans sind den Besuch eines Spiels wert. Bei wichtigen Rugbyspielen versammeln sie sich schon Stunden vor dem Anpfiff auf den Parkplätzen rund um das Stadion, um sich bei Barbecue und Bier auf das bevorstehende Ereignis einzustimmen. Zum Kricket gehört ein Picknickkorb, denn das Spiel dauert Stunden. In den Sportcafés werden die Spiele auf großen Leinwänden übertragen. Und hier findet sich auch immer ein Gast bereit, die für Nichtkenner undurchschaubaren Regeln zu erläutern.

Klamotten – cool und superleger

In den Küstenstädten dominiert Freizeitkleidung – geprägt von Surfern und Skatern. Man gibt sich cool und leger, und doch trägt man die »richtige« Kleidung, denn es gibt durchaus einen Kodex. Einen Hauch eleganter (aber wirklich nur einen Hauch) zieht man sich in Johannesburg und Pretoria an. Die Renner sind Boardshorts, Flipflops und ein leicht von der Sonne ausgeblichenes T-Shirt.

Blondies

Wer im November in Hermanus, Plettenberg Bay oder Durban ist, wird sich wundern über die vielen jungen Menschen verschiedener Hautfarbe mit weißblonden Haaren. Das sind die Abiturienten des Landes. Nach der Schulzeit mit Uniformen und viel Reglement, schlagen sie auf diese harmlose Art über die Stränge. Eine Woche lang beleben sie mit ihren weißen Schöpfen und der Freude über den Abschluss die Strände.

Von Anreise bis Zoll

Hier finden Sie kurz gefasst die wichtigsten Adressen und Informationen für Ihre Südafrika-Reise

ANREISE

Flugzeug

South African Airways fliegt fast täglich von Frankfurt nach Johannesburg oder Kapstadt. Die Flugzeit nach Johannesburg beträgt elf, nach Kapstadt 13 Stunden. Ein Ticket für Hin- und Rückflug können Sie für weit unter 1000 Euro bekommen. Auch Lufthansa fliegt täglich von Frankfurt oder München. Thomas Cook dreimal die Woche von Frankfurt nach Kapstadt und Durban und LTU zweimal die Woche von Düsseldorf oder München nonstop nach Kapstadt. Fragen Sie nach Sondertarifen. British Airways hat sie oft. Am preiswertesten ist der Flug im südafrikanischen Winter zwischen Ende April und Ende Juni. Auch im August und September gibt es günstige Flüge. Am meisten zahlen Sie für ein Ticket zwischen Dezember und April und müssen dann weit im Voraus buchen. Für Flüge innerhalb Südafrikas bieten sich die meist preiswerteren privaten Fluggesellschaften an.

AUSKUNFT VOR DER REISE

South African Tourism

– Alemannia-Haus, An der Hauptwache 11, 60313 Frankfurt, Tel. 069/929 12 90, Fax 28 09 50, www.southafricantourism.de

– Stefan-Zweig-Platz 11, 1170 Wien, Tel. 01/47 04 51 10, Fax 47 04 51 14, www.southafricantourism.de

AUTO

In Südafrika darf kein Auto ohne die Haftpflichtversicherung *Third Party* gefahren werden, die nur Personenschäden deckt. Die Höchstgeschwindigkeit beträgt in Ortschaften 60 km/h, auf Landstraßen 100 km/h und auf der Autobahn 120 km/h. Wer beim zu schnellen Fahren erwischt wird, muss tief in die Tasche greifen. Linksverkehr. Die Promillegrenze liegt bei 0,5.

Rund 84 000 km Straße sind geteert, weitere 163 000 km ohne festen Belag. Einige Autobahnstrecken sind mautpflichtig; am besten zahlen Sie per Kreditkarte.

Unfälle werden von der Polizei nur bei Personenschäden aufgenommen. In allen anderen Fällen tauschen die Fahrer ihre Adressen aus, und beide melden den Unfall bei einer Polizeistation.

Im ganzen Land ist der Automobilclub AA vertreten: *Tel. 08 00 01 01 01*

BAHN

Die normalen Zugverbindungen sind nicht empfehlenswert, denn sie sind meist langsam und unbequem. Seit kurzem versucht die staatliche Eisenbahnlinie *Spoornet* mit der *Premier Class* etwas angenehmere und schnellere Zugreisen anzubieten – jeden Donnerstag von Pretoria nach Kapstadt und jeden Dienstag zurück. Die Züge haben den schönen Namen *Shosholoza Meyl.* Der Preis für eine einfache Fahrt beträgt 1780 Rand *(Tel. 021/449 22 52, Fax 449 60 18, www.spoornet.co.za).*

Eine Fahrt im Luxuszug *Blue Train* ist unvergesslich. Von Kapstadt nach Pretoria, mit nur einem Stopp in Johannesburg, dauert die Reise rund 24 Stunden. Der Zug fährt montags, mittwochs und freitags in beide Richtungen. Die Preise liegen bei 6500 Rand für eine einfache Fahrt in der Einzelkabine und bei über 9500 Rand in der Doppelluxussuite *(Reservierungen, Tel. 012/334 84 59, Fax 334 84 64, www.bluetrain.co.za).*

Ähnlich lebt das goldene Zeitalter der Dampflokomotive und der Luxusreisen bei der *Rovos Rail* wieder auf. Die aufwändig renovierten Wagons aus den 1920er-Jahren werden von drei Oldtimer-Lokomotiven (1893–1938) gezogen. Kabinen, Salons und Speisewagen sind im Stil der Wende vom 18. zum 19. Jh. eingerichtet, dennoch ist jeder Komfort garantiert. Die Fahrten in Südafrika kosten zwischen 4500 und 10 000 Rand *(Tel. 012/315 82 42, Fax 323 08 43, www.rovosrail.com).* Der große Unterschied zwischen den beiden Zugfahrten ist, dass Rovos Rail doppelt so lange braucht: 48 Stunden. Es ist wirklich eine gemütliche und erholsame Art zu reisen. Die langsamere Geschwindigkeit macht es auch möglich, die Fenster während der Fahrt zu öffnen. In beiden Nächten bleibt der Zug einige Stunden stehen, um einen ruhigen Schlaf für die Passagiere sicherzustellen.

BED & BREAKFAST

Kataloge gibt es in südafrikanischen Reisebüros. *Zentrale Reservierung: Tel. 011/880 34 14, Fax 788 48 02, www.portfoliocollection.com*

CAMPING

Wegen seines Klimas ist Südafrika ein ideales Land für Camper. Ausgezeichnete Campingplätze gibt es in allen Städten, an Stränden, in Naturparks und Wildschutzgebieten. Oft werden dort auch Hütten oder Bungalows angeboten.

DIPLOMATISCHE VERTRETUNGEN

Deutsches Generalkonsulat
Safmarine House, 19th Floor, 22, Riebeeck St., Cape Town 8000, Tel. 021/424 24 10, Fax 424 94 03

Österreichisches Generalkonsulat
Standard Bank Cent., Main Tower, 1001, Herzog Boulevard, Cape Town 8001, Tel. 021/421 14 49, Fax 425 34 89

Schweizer Konsulat
NBS Waldorf Building, 9th Floor, 80, St. Georges Mall, Cape Town 8000, Tel. 021/426 10 40, Fax 424 93 44

EIN- & AUSREISE

Besucher aus Deutschland, der Schweiz und Österreich brauchen kein Visum, wenn sie nicht länger als drei Monate in Südafrika bleiben wollen. Dann genügt der Reisepass, der noch mindestens sechs Monate gültig sein muss.

FOTOGRAFIEREN

Ob Sie Ihre Filme und sonstiges Zubehör mitbringen oder in Südafrika kaufen – Angebot und Preise sind nahezu identisch, wenn Sie in einem Fotofachgeschäft einkaufen.

GELD & PREISE

Es kann bis zu 20 Prozent günstiger sein, in Südafrika Geld zu wechseln. Travellerschecks werden von fast allen Banken eingetauscht. An vielen Geldautomaten können Sie mit Ihrer EC-Karte Geld abheben, wenn sie das Maestro-Zeichen hat. Öffnungszeit der Banken: Mo–Fr 9–15.30, Sa 9–11 Uhr. In kleinen Orten schließen sie manchmal über Mittag. Alle Kreditkarten werden akzeptiert. An Tankstellen muss bar bezahlt werden. Einheimische Produkte sind rund 20 Prozent günstiger als in Deutschland, importierte hingegen deutlich teurer.

GESUNDHEIT

Besuchern des Kruger Parks, der angrenzenden Wildschutzgebiete der Wildreservate in Limpopo, Mpumalanga und Natal wird eine Malariaprophylaxe empfohlen. Es reicht, wenn Sie damit in Südafrika beginnen. Die Tabletten gibt es rezeptfrei in jeder Apotheke. Wer aus einer Gelbfieberzone nach Südafrika einreist, muss eine Schutzimpfung nachweisen können. Sonst sind keine Impfungen nötig.

Was kostet wie viel?

Kruger Park	**6 Euro** Eintritt für 1 Person mit Auto
Kaffee	**65 Cent** für eine Tasse Kaffee
Bier	**90 Cent** für ein Glas Bier
Wein	**1 Euro** für ein Glas Wein
Zigaretten	**1,30 Euro** für eine Schachtel
Steak	**8 Euro** für ein 500-Gramm-Steak

Das südafrikanische Gesundheitssystem hat einen hohen Standard. In fast allen Orten gibt es hervorragende private Krankenhäuser. Europäische Krankenscheine werden nicht akzeptiert. Es empfiehlt sich dringend, eine Auslandskrankenversicherung mit Rückholversicherung abzuschließen. Apotheke heißt *Chemist* oder *Pharmacy*.

INTERNET

Allgemeine Informationen: *www.suedafrika.net*, *www.safrica.info*, *www.sa-venues.com*. Website der südafrikanischen Botschaft: *www.suedafrika.org*. Für Übernachtungen aller Art: *www.portfoliocollection.com*. Veranstaltungen, Ticketreservierung: *www.computicket.com*. Über Wildparks informieren: *www.parks-sa.co.za* und *www.iafrica.com*.

INTERNETCAFÉS

Durban: *The Internet Cafe, Ecke Commercial/Aliwal St.*

Johannesburg: *Milky Way Internet Café, 2nd Floor, Times Square on Raleigh Rd., Yeoville* **[O]**

Kapstadt: *Cape Town Tourism, Ecke Burg und Castle St.* **[U C4]**

Knysna, *Cyber Park Spar Centre, Main Rd.*

Port Elizabeth: *Funtasia, Greenacres Mall*

MIETWAGEN

Mietwagen sind in Südafrika preiswerter als in Deutschland. Sie können in allen Städten Autos mieten, aber besser ist es, von Deutschland aus zu buchen. Dann steht der Wagen am Flugplatz für Sie bereit. Das Mindestalter, um ein Auto zu mieten, beträgt 23 Jahre. Ein internationaler Führerschein ist erforderlich. Für Touristen gibt es häufig Sondertarife. Die großen Vermieter sind *Avis (Tel. 086/102 11 12)*, *Budget (Tel. 086/252 25 74)* und *Hertz (Tel. 086/160 01 36)*.

Angebote für Autovermietungen finden Sie auch unter *www.car-rental-south-africa.net* und *www.marcopolo.de*.

ÖFFNUNGSZEITEN

Geschäfte sind Mo–Fr 8.30–17 und Sa 9.30–11 Uhr geöffnet. Schalterstunden der Post: Mo–Fr 8.30 bis 16.30, Sa 8–12 Uhr.

POST

Briefe nach Europa kosten pro 10 Gramm 3,30 Rand, Postkarten 3,80 Rand. Die Post nach Hause braucht 5 bis 7 Tage.

SAFARIS

Besuche in den Wildparks werden für jeden Geschmack und jeden Geldbeutel angeboten. Preiswert können Sie in den staatlichen Parks *(€)* übernachten. Buchen Sie einen solchen Aufenthalt am besten ein Jahr im Voraus: *African National Parks (Tel. 012/343 19 91, Fax 343 09 05, reservations@parks.sa.co.za).*

KwaZulu-Natal verwaltet die staatlichen Parks in seinen Landesgrenzen selbst *(Tel. 031/845 10 67, www.rhino.org.za).*

Beste Zeit für einen Besuch ist der südafrikanische Winter (April bis September). Im Sommer, zur Regenzeit zieht es die Tiere nicht an die Wasserlöcher, wo man sie gut beobachten kann. Auch sind die Bäume und Sträucher viel üppiger, sodass Sie weniger sehen. Wenn Sie mit dem Auto einen öffentlichen Wildpark besuchen, sollten Sie die vorgegebene Route aus Sicherheitsgründen nicht verlassen. Steigen Sie auch nicht aus dem Auto aus und halten Sie die Fenster stets geschlossen. Und vergessen Sie nicht, die Tankanzeige im Blick zu haben, denn ohne Benzin steht man in einem Wildpark natürlich ziemlich dumm da.

SICHERHEIT

Kein Abendspaziergang in den Großstädten: Es ist zu gefährlich. In Johannesburg brauchen die Autofahrer nachts an roten Ampeln nicht mehr zu halten, weil es in letzter Zeit viele Überfälle gab. Verriegeln Sie im Stadtverkehr daher immer das Auto von innen. Vor dem Besuch eines Restaurants sollten Sie fragen, wo und wie weit entfernt der Parkplatz ist.

An den Strandpromenaden können Sie meist bedenkenlos spazieren gehen. Doch wer sich auf dem Tafelberg Aussichtspunkte abseits jeder Route suchen will, der sollte nicht viel Bares mitnehmen. Auch am Tage empfiehlt es sich, Geldbörse und Kamera unauffällig am Körper zu tragen und Wertsachen immer im Hotelsafe einzuschließen. Vorsicht an Geldautomaten! Deren Standorte sind beliebte Plätze für Diebe, die sich Ihnen freundlich nähern und einen guten Eindruck machen. Doch nehmen Sie lieber keine Hilfe an, besser fragen Sie bei der Bank nach. Und achten Sie darauf, dass der nächste Kunde Abstand zu Ihnen hält.

Die Notrufnummer für alle Fälle ist *10111*, per Handy *112*. Das Auswärtige Amt informiert über die Sicherheit im Land: *www.auswaertiges-amt.de.*

€	Rand	Rand	€
1	9,29	10	1,08
2	18,58	20	2,16
3	27,87	25	2,71
4	37,16	30	3,25
5	46,45	40	4,33
7	65,03	50	5,41
10	92,90	100	10,82
25	232,26	150	16,23
90	836,13	250	27,06

STROM

Netzspannung 220 Volt Wechselstrom bei 50 Hertz. Häufig braucht man einen Zwischenstecker, den es nur in Südafrika gibt. In Hotels wird ein Adapter angeboten.

TELEFON & HANDY

Mit ganz wenigen Ausnahmen klappt es mit der Direktwahl in die meisten Teile der Welt. Blaue Telefonzellen funktionieren mit Münzen, grüne mit Telefonkarten, die es in jedem Einkaufszentrum zu kaufen gibt.

An den Flughäfen werden Mobiltelefone vermietet. Das kostet 10 Rand am Tag und die Minute 2,18 Rand. Wer sein deutsches Handy benutzt, zahlt deutsche Gebühren. Vorher in Deutschland freischalten lassen! Der Empfang ist sehr gut. Nur in wirklich entlegenen Gebieten funktioniert das Handy nicht.

Vorwahlen: Deutschland: 0949, Schweiz: 0941, Österreich: 0943, Südafrika: 0027. Auskunft national: 1023, international: 19 23.

TRINKGELD

Generell wird in Südafrika zwischen 10 und 15 Prozent Trinkgeld gegeben. Das gilt besonders in Restaurants, weil dort im Preis die Bedienung nicht eingeschlossen ist.

ZEITUNTERSCHIED

Während der europäischen Sommerzeit, also im südafrikanischen Winter, herrscht Zeitgleichheit. Im europäischen Winter hingegen ist Südafrika uns eine Stunde voraus.

ZOLL

Bei der Einreise nach Südafrika dürfen Sie u. a. 1 l Spirituosen, 400 Zigaretten, außerdem Waren im Wert von 200 Rand bei sich haben, ohne dass Sie dafür Zoll bezahlen müssen. Bei Rückkehr in die EU dürfen Sie u. a. zollfrei einführen: 200 Zigaretten, 1 l Spirituosen und Waren im Wert bis zu 175 Euro, in die Schweiz bis zu 110 Euro. Riskieren Sie nicht die Ausfuhr geschützter Pflanzen und Tiere sowie deren Produkte; das ist verboten.

Wetter in Johannesburg

	Jan.	Feb.	März	April	Mai	Juni	Juli	Aug.	Sept.	Okt.	Nov.	Dez.
Tagestemperaturen in °C	26	25	24	22	19	17	17	20	23	25	25	26
Nachttemperaturen in °C	15	14	13	10	6	4	4	6	9	12	13	14
Sonnenschein Std./Tag	8	8	7	8	9	9	9	10	9	9	9	9
Niederschlag Tage/Monat	13	9	8	7	3	1	0	1	2	8	11	12

Do you speak English?

»Sprichst du Englisch?«
Dieser Sprachführer hilft Ihnen, die wichtigsten Wörter und Sätze auf Englisch zu sagen

Zur Erleichterung der Aussprache sind alle englischen Wörter mit einer einfachen Aussprache (in eckigen Klammern) versehen.
Folgende Zeichen sind Sonderzeichen:

- ə nur angedeutetes »e« wie in bitte
- θ [s] gesprochen mit der Zungenspitze zwischen den Zähnen
- ' die nachfolgende Silbe wird betont. Bei einer Hauptbetonung steht das Zeichen oben vor der Silbe, bei einer Nebenbetonung unten.

AUF EINEN BLICK

Ja./Nein.	Yes. [jäs]/No. [nəu]
Vielleicht.	Perhaps. [pə'häps]/Maybe. ['mäibih]
Bitte.	Please. [plihs]
Danke.	Thank you. ['θänkju]
Vielen Dank!	Thank you very much. ['θänkju 'wäri 'matsch]
Gern geschehen.	You're welcome. [joh 'wälkəm]
Entschuldigung!	I'm sorry! [aim 'sori]
Wie bitte?	Pardon? ['pahdn]
Ich verstehe Sie/dich nicht.	I don't understand. [ai dəunt andə'ständ]
Ich spreche nur wenig …	I only speak a bit of … [ai 'əunli spihk ə'bit əw …]
Können Sie mir bitte helfen?	Can you help me, please? ['kən ju 'hälp mi plihs]
Ich möchte …	I'd like … [aid'laik]
Das gefällt mir (nicht).	I (don't) like it. [ai (dəunt) laik‿it]
Haben Sie …?	Have you got …? ['həw ju got]
Wie viel kostet es?	How much is it? ['hau'matsch is it]
Wie viel Uhr ist es?	What time is it? [wot 'taim is it]

KENNENLERNEN

Guten Morgen!	Good morning! [gud 'mohning]
Guten Tag!	Good afternoon! [gud ahftə'nuhn]
Guten Abend!	Good evening! [gud 'ihwning]

Hallo! Grüß dich!	Hello! [hə'ləu]/Hi! [hai]
Mein Name ist …	My name is … [mai näims …]
Wie ist Ihr/dein Name?	What's your name? [wots joh 'näim]
Wie geht es Ihnen/dir?	How are you? [hau 'ah ju]
Danke. Und Ihnen/dir?	Fine thanks. And you? ['fain θänks, ənd 'ju]
Auf Wiedersehen!	Goodbye!/Bye-bye! [gud'bai/bai'bai]
Tschüss!	See you!/Bye! [sih ju/bai]
Bis morgen!	See you tomorrow! [sih ju tə'mərəu]

UNTERWEGS

Auskunft

links/rechts	left [läft]/right [rait]
geradeaus	straight on [sträit 'on]
nah/weit	near [niə]/far [fah]
Bitte, wo ist …?	Excuse me, where's …, please? [iks'kjuhs 'mih 'weəs … plihs]
Bahnhof	station ['stäischn]
Bushaltestelle	bus stop [bas stəp]
Flughafen	airport ['eəpoht]
Wie weit ist das?	How far is it? ['hau 'fahr‿is‿it]
Ich möchte ... mieten.	I'd like to hire ... [aid'laik tə 'haiə]
... ein Auto .../... ein Fahrrad ...	… a car. [ə 'kah]/…a bike. [ə 'baik]

Panne

Ich habe eine Panne.	My car's broken down. [mai 'kahs 'brəukn 'daun]
Würden Sie mir bitte einen Abschleppwagen schicken?	Would you send a breakdown truck, please? ['wud ju sänd ə bräikdaun trak plihs]
Gibt es hier in der Nähe eine Werkstatt?	Is there a garage nearby? ['is θeə‿ə 'gärahdsch 'niərbai]

Tankstelle

Wo ist die nächste Tankstelle?	Where's the nearest petrol station? ['weəs θə 'niərist 'pätrəlstäischn]
Ich möchte … Liter …	… litres of … ['lihtəs əw]
… Normalbenzin.	… three-star, ['θrihstah]
… Super.	… four-star, ['fohstah]
… Diesel.	… diesel, ['dihsl]
… bleifrei/verbleit.	… unleaded/leaded, please. [an'lädid/'lädid plihs]
Voll tanken, bitte.	Full, please. ['ful plihs]

Unfall

Hilfe!	Help! [hälp]
Achtung!	Attention! [ə'tänschn]

Vorsicht!	Look out! ['luk 'aut]
Rufen Sie bitte …	Please call … ['plihs 'kohl]
… einen Krankenwagen.	… an ambulance. [ən 'ämbjuləns]
… die Polizei.	… the police. [θə pə'lihs]
Es war meine Schuld.	It was my fault. [it wəs 'mai 'fohlt]
Es war Ihre Schuld.	It was your fault. [it wəs 'joh 'fohlt]
Geben Sie mir bitte Ihren Namen und Ihre Anschrift.	Please give me your name and address! [plihs giw mi joh 'näim ənd ə'dräs]

ESSEN/UNTERHALTUNG

Wo gibt es hier …	Is there … here? ['is θeər … 'hiə]
… ein gutes Restaurant?	… a good restaurant …[ə 'gud 'rästərohng]
… ein typisches Restaurant?	… a restaurant with local specialities … [ə 'rästərohng wiθ 'ləukl ‚späschi'älitis]
Gibt es hier eine gemütliche Kneipe?	Is there a nice pub here? ['is θeər‿ə nais 'pab hiə]
Reservieren Sie uns bitte für heute Abend einen Tisch für vier Personen.	Would you reserve us a table for four for this evening, please? ['wud ju ri'söhw əs ə 'täibl fə foh fə θis 'ihwning plihs]
Die Speisekarte, bitte.	Could I have the menu, please. ['kud ai häw θə 'mänjuh plihs]
Ich nehme ...	I'll have ... [ail häw]
Bitte ein Glas ...	A glass of ..., please [ə 'glahs‿əw ... plihs]
Auf Ihr Wohl!	Cheers! [tschiəs]
Bezahlen, bitte.	Could I have the bill, please? ['kud ai häw θə 'bil plihs]
Wo sind bitte die Toiletten?	Where are the toilets, please? ['weərə θə 'toilits plihs]

EINKAUFEN

Wo finde ich …?	Where can I find …? ['weə 'kən‿ai 'faind]
Apotheke	chemist's [kämists]
Bäckerei	baker's [bäikəs]
Kaufhaus	department store [di'pahtmənt stoh]
Lebensmittelgeschäft	food store ['fuhd stoh]
Markt	market ['mahkit]

ÜBERNACHTUNG

Können Sie mir bitte … empfehlen?	Can you recommend …, please? [kən ju ‚räkə'mänd … plihs]
… ein Hotel ...	… a hotel ... [ə həu'täl]
… eine Pension ...	… a guest-house ... [ə 'gästhaus]
Ich habe bei Ihnen ein Zimmer reserviert.	I've reserved a room. [aiw ri'söhwd‿ə 'ruhm]

Haben Sie noch …	Have you got … [həw ju got]
… ein Einzelzimmer?	… a single room? [ə 'singl ruhm]
… ein Doppelzimmer?	… a double room? [ə 'dabl ruhm]
… mit Dusche/Bad?	… with a shower/bath? [wiθ ə 'schauə/'bahθ]
… für eine Nacht?	… for one night? [fə wan 'nait]
… für eine Woche?	… for a week? [fə ə 'wihk]
Was kostet das Zimmer mit …	How much is the room with … ['hau 'matsch is θə ruhm wiθ]
… Frühstück?	… breakfast? ['bräkfəst]
… Halbpension?	… half board? ['hahf'bohd]
… Vollpension?	… full board? ['ful'bohd]

PRAKTISCHE INFORMATIONEN

Arzt

Können Sie mir einen guten Arzt empfehlen?	Can you recommend a good doctor? [kən ju ,räkə'mänd ə gud 'doktə]
Ich habe hier Schmerzen.	I've got pain here. [aiw got päin 'hiə]

Post

Was kostet …	How much is … ['hau 'matsch is]
… ein Brief …	… a letter … [ə 'lätə]
… eine Postkarte …	… a postcard … [ə pəustkahd]
… nach Deutschland?	… to Germany? [tə 'dschöhməni]

ZAHLEN

0	zero, nought [siərəu, noht]	19	nineteen [,nain'tihn]
1	one [wan]	20	twenty ['twänti]
2	two [tuh]	21	twentyone [,twänti'wan]
3	three [θrih]	30	thirty ['θöhti]
4	four [foh]	40	forty ['fohti]
5	five [faiw]	50	fifty ['fifti]
6	six [siks]	60	sixty ['siksti]
7	seven ['säwn]	70	seventy ['säwnti]
8	eight [äit]	80	eighty ['äiti]
9	nine [nain]	90	ninety ['nainti]
10	ten [tän]	100	a (one) hundred ['ə (wan) 'handrəd]
11	eleven [i'läwn]		
12	twelve [twälw]	1000	a (one) thousand ['ə (wan) 'θausənd]
13	thirteen [θöh'tihn]		
14	fourteen [,foh'tihn]	10000	ten thousand ['tän 'θausənd]
15	fifteen [,fif'tihn]		
16	sixteen [,siks'tihn]	1/2	a half [ə 'hahf]
17	seventeen [,säwn'tihn]	1/4	a (one) quarter ['ə (wan) 'kwohtə]
18	eighteen [,äi'tihn]		

Reiseatlas Südafrika

Die Seiteneinteilung für den Reiseatlas finden Sie auf dem hinteren Umschlag dieses Reiseführers

Kartenlegende Reiseatlas

Autobahn, mehrspurige Straße - in Bau Highway, multilane divided road - under construction		Autoroute, route à plusieurs voies - en construction Autosnelweg, weg met meer rijstroken - in aanleg
Fernverkehrsstraße - in Bau Trunk road - under construction		Route à grande circulation - en construction Weg voor interlokaal verkeer - in aanleg
Hauptstraße Principal highway		Route principale Hoofdweg
Nebenstraße Secondary road		Route secondaire Overige verharde wegen
Fahrweg, Piste Practicable road, track		Chemin carrossable, piste Weg, piste
Straßennummerierung Road numbering	B 2 C 33 R 521 N 1	Numérotage des routes Wegnummering
Entfernungen in Kilometer Distances in kilometers	259 130 129	Distances en kilomètres Afstand in kilometers
Höhe in Meter - Pass Height in meters - Pass	1365	Altitude en mètres - Col Hoogte in meters - Pas
Eisenbahn - Eisenbahnfähre Railway - Railway ferry		Chemin de fer - Ferry-boat Spoorweg - Spoorpont
Autofähre - Schifffahrtslinie Car ferry - Shipping route		Bac autos - Ligne maritime Autoveer - Scheepvaartlijn
Wichtiger internationaler Flughafen - Flughafen Major international airport - Airport		Aéroport importante international - Aéroport Belangrijke internationale luchthaven - Luchthaven
Internationale Grenze - Provinzgrenze International boundary - Province boundary		Frontière internationale - Limite de Province Internationale grens - Provinciale grens
Unbestimmte Grenze Undefined boundary		Frontière d'Etat non définie Rijksgrens onbepaalt
Zeitzonengrenze Time zone boundary	-4h Greenwich Time -3h Greenwich Time	Limite de fuseau horaire Tijdzone-grens
Hauptstadt eines souveränen Staates National capital	AL-QĀHIRA	Capitale nationale Hoofdstad van een souvereine staat
Hauptstadt eines Bundesstaates Federal capital	BISHO	Capitale d'un état fédéral Hoofdstad van een deelstat
Sperrgebiet Restricted area		Zone interdite Verboden gebied
Nationalpark National park		Parc national Nationaal park
Antikes Baudenkmal Ancient monument		Localité remarquable Bezienswaardige plaats
Sehenswertes Kulturdenkmal Interesting cultural monument	Rock Paintings	Monument culturel intéressant Bezienswaardig cultuurmonument
Sehenswertes Naturdenkmal Interesting natural monument	Sudwala Caves	Monuments naturel intéressant Bezienswaardig natuurmonument
Brunnen Well		Puits Bron
Ausflüge & Touren Excursions & tours		Excursions & tours Uitstapjes & tours

WINDHOEK
Kapps
2479
Aris
A
B
C
Grootduin
1
2
3
4
5
6
Seeis
Olifants
Dordabis
Nina
132
C20
Kule
Ncojan
82
Skaap
Karubeams-berge
1624
Gross Ums
Rehoboth
Nossob
Isabis
Kous
C15
Leonardville
Derm
Petrusdal
Uhlenhorst
Aminius
Klein Aub
Kam
96
Olifants
N A M I B I A
90
237
Kalkrand
Narib
Aranos
Gamis
Narob
118
Kalf
B 1
75
Stampriet
Nomtsas
67
C20
80
Hardap Dam Rec. Res. and Game Park
Mariental
90
C14
73
Akanous
117
127
Gochas
Lendepas
Maltahöhe
Bossiesvlei
63
Auob
Kg
Schwarzrand
Hasaweb
C18
Witbooisvlei
Nosop
Gibeon
1594
1838
Duwisib Castle
95
Vis
38
C15
Eidsemub
Asab
Mukurob (Fallen Rock Finger)
Brakpan
Twee Rivier
Nossob Camp
150
233
495
Tra
Kanibes
1977
Rooirand
51
68
Mata Mata
Brukkaros
1586
Tses
Helmeringhausen
Shirley
Koës
Berseba
Salt Pan
C17
Konkiep
Gurib
273
Auob
81
132
N a m a l a n d
C13
C14
Kokerboomwoud
Schakals-kuppe
Bethanie
Keetmannshoop
Gariganus
Gross Aub
C16
170
Twee Rivieren
298
Old Fort
76
72
45
105
Rietfontein
Goageb
Aroab
Hakskeenpan
Andriesva
See-heim
Löwen
47
Stone Rondavel
Narubis
Gawachab
Schroffen-stein
2202
Koppieskraal-pan
Huib-Hochplato
Rock Engravings Music Stones
171
Vredeshoop
Groot Karasberge
C13
Hope
Holoog
B 1
Abiekwasput
95
Klein Karas
Noenieput
Witputz
Hunsberge
Visrivier-canyon
152
Kainab
Rosh Pinah
Grünau
52
Kanus
Ai-Ais
99
Karasburg
Nuwefontein
Ai-Ais and Visriviercanyon Park
Gamkab
Haib
Hamab
B 3
130
Nakop
329
Kums
N 10
Richtersveld National Park
Ham
Lutzputs
Oranje-mund
Oranjerivier
Khubus
Haib
Warmbad
Orange
Augrabies Falls N.
Augrabies Falls
Augra
Alexanderbaai
1378
275
50
Velloor
Noordoewer
Onseepkans
Alheit
Vioolsdrif
Goodhouse
133
Bladgrond
74
388
Aninaus Pass
Aggeneys
N 14
Pofadder
Port Nolloth
Steinkopf
52
N 7
Namies
Soutrivier
Bossiekom
Geogap Nat. Res.
163
Naba-beep
Okiep
Kleinsee
Buffelsrivier
Springbok
Mesklip
Northern

118

D
E
F
Ghanzi
Central Kalahari Game Reserve
100 km
Kalahari
1
BOTSWANA
Kutse Pan
Kutse Game Reserve
Masetleng Pan
Kang
Kweneng
Tswaane
Lehututu
Hukuntsi
Tshane
Takatokwane
2
Desert
Kgalagadi
Sekoma
Khakhea
Southern
Mabuasehube Game Reserve
Werda
Moselebe
Bray
Molopo
3
Terra Firma
Moloporivier
Pomfret
Vergeleë
Vorstershoop
Molopo N.R.
Tosca
Gemsbokvlakte
Tshabong
Morokweng
Piet Plessis
Pepani
North West
Kgokgole
Tlhakgameng
Ganyesa
Severn
Aansluit
Mashowingrivier
4
Van Zylsrus
Kuruman Riv.
Kuruman Riv.
Lolwane
Vryburg
Cramond
Ontmoeting
Sonstraal
Tsineng
Hotazel
Korannaberg
Lykso
Betsjoeanaland
Kuruman
Pudimoe
Dibeng
Eye of Kuruman
Reivilo
Kathu
Kuruman Hills
Blesmanspos
Sishen
Gakarosa
Olifantshoek
5
Langberg
Danielskuil
Koopmansfontein
Mount Rupert
Windsorton
Postmasburg
Lime Acres
Ulco
Delportshoop
Upington
Grootdrink
Asbesberge
Vaalbos N.P.
Barkly West
Keimoes
Schmidtsdrif
Big Hole
Neilersdrif
Wegdraai
Campbell
KIMBERLEY
Kleinbegin
Groblershoop
Volop
Griekwastad Griquatown
Vaalrivier
Ritchie
Douglas
Putsonderwater
Oranjerivier
6
Kenhardt
Westerberg
Niekerkshoop
Marydale
Draghoender
Diamond Diggings
Belmont
Cape
115
119
Hopetown
Luckhoff
Middelveld
Orania

A
B
C
1
2
3
4
5
6
100 km
Central
BOTSWANA
Tropic of Capricorn
Kweneng
Kgatleng
Southern
South East
North-West
Witwatersrand
Middelveld
Gauteng
Free State
Waterberge
Tuli Block Farms
Limpopo
Mmashoro
Serule
Selebi-Phikwe
Bobonong
Mabeleapudi
Serowe
Sefophe
Mogapinyana
Zanzibar
Lotsane
Palapye
Maasstroom
Tolwe
Sherwood
Marakalalo Hills
Shoshong
Mahalapye
Machaneng
Martins Drift
Beauty
Baltimore
Lephephe
Makwate
Dinokwe
Parrs Halt
Oranjefontein
Steilloopsbrug
Mmamabula
Marken
Salajwe
Ellisras
Buffels Drift
Groesbeek
Letlhakeng
Legape
Mosomane
Ngotwane
Melkrivier
Mokolo
Hermanusdorings
Rooibokkraal
Livingstone's Cave
Molepolole
Pilane
Mochudi
Marico
Krokodilrivier
Sentrum
Vaalwater
Naboomspruit
Marakele Nat. P.
Jwaneng
GABORONE
Thamaga
Oostermoed
Derdepoort
Thabazimbi
Modimolle
Mosopa
Ramotswa
Witfonteinrand
Middelwit
Leeupoort
Mabula
Bela-Bela
Kanye
Zwingli
Madikwe Game Res.
Dwarsberg
Northam
Borakalalo Game Res.
Settlers
Pilanesberg N. P.
Pilanesberg
Mogwase
Assen
Pienaarsrivier
Lobatse
Blairbeth
Sun City
Beestekraal
Temba
Mmathethe
Mabopane
Ga-Rankuwa
Babalegi
Mokgomane
Zeerust
Groot Marico
Lindleyspoort
Boshoek
Ramatlabama
Brits
Premier Diamond M.
Cullinan
Phitshane
Mmabatho
Ottoshoop
Swartruggens
Rustenburg
PRETORIA
MAMELODI
Tshidilamolomo
Slurry
Koster
Derby
Kempton Park
Mafikeng
Bakerville
Lion Park
Swartplaas
KRUGERSDORP
Randfontein
ROODEPOORT
BENONI
Lichtenburg
Klerkskraal
SOWETO
GERM.
SPRINGS
BRAKPAN
Setlagole
Biesiesvlei
Coligny
Ventersdorp
Carletonville
JOHANNESBURG
Nigel
Madibogo
Mooirivier
Stella
Gerdau
Evaton
Heidelberg
Kameel
Sanniesh of
Hartbeesfontein
Brakspruit
Vanderbijlpark
Dry Hartsriv.
Delareyville
Stilfontein
Potchefstroom
VEREENIGING
Migdol
Ottosdal
Klerksdorp
Sasolburg
Vaal Dam
Parys
Hartsriv.
Orkney
Vryburg
Sendelingsfontein
Vaalrivier
Oranjeville
Villiers
Wolmaransstad
Viljoenskroon
Koppies
Frankfort
Schweizer Reneke
Leeudoringstad
Renosterriv.
Heilbron
Amalia
Markwassie
Pudimoe
Kingswood
Bothaville
Taung
Valsrivier
Edenville
Tweeling
Bloemhof
Petrus Steyn
Sandveld Nature Reserve
Allanridge
Kroonstad
Bloemhof dam
Reitz
Jan Kempdorp
Odendaalsrus
Christiana
Hoopstad
Wesselsbron
Riebeekstaad
Steynsrus
Lindley
WELKOM
Hennenman
Tierfontein
Arlington
Kransfontein
Warrenton
Hertzogville
Ventersburg
Bethlehem
Virginia
Sandriv.
W. Pretorius Wildtuin
Paul Roux
Windsorton
Bultfontein
Vetrivier
Kestell
Windsorton Road
Theunissen
Allemanskraal dam
Senekal
Rooiberge
Sterkfontein
Boshof
Rosendal
Fouriesburg
Clarens
Winburg
Witteberge
Libono
Mont aux Sources
Dealesville
Brandfort
Moteng-pas
Marquard
Ficksburg
KIMBERLEY
Soutpan
Butha-Buthe
Oxbow
Hlotse
BLOEMFONTEIN
Glen
Clocolan
Excelsior
Maputsoe
Modderrivier
Petrusburg
Tweespruit
Ladybrand
Teyateyaneng
Lejone
Jacobsdal
De Brug
Caledonriv.
Maloti Mts.
120

D
E
F
ZIMBABWE
Beitbridge
Nuli
Limpopo
Mapungubwe
Musina
227
N1
Pafuri Gate
Pafúri
Sango
Chicualacuala
Gonarezhou N.P.
Safari Area
R. Nuanetse
Great
Punda Maria
MOÇAMBIQUE
Parque Nacional de Banhine
Coutada
Mapai
208
R. Chefu
Bridgewater
Mopane
Tshipise
Bandur
Alldays
Machemma Ruins
Wyllie's Poort
Dzata Ruins
Waterpoort
Verwoert Tunnels
Soutpansberg
1585
R524
Thohoyandou
Sirheni
Limpopo
National
Park
Vivo
2046
R522
Mara
Louis Trichardt
Shingwedzi
Rio Limpopo
Lebowa Bochum
Bandelierkop
Giyani
Legkraal
Soekmekaar
R81
Kruger
Transfrontier
Kalkbank
Kl. Letaba
Gr. Letaba
Shimuwini
Gaza
Combomune
149
R521
Thorndale
Mooketsi
Limpopo
Duiwelskloof
Barr. de Massingir
Lagoa Nova
Maalamba
1780 Seshego
Tzaneen
Boyne
Letaba
Olifants
625
Massingir
Polokwane
Haenertsburg
2128
Letsitele
Gravelotte
Phalaborwa
Zuca
Strydpoortberge
Ofcolaco
R71
Mica
Olifantsrivier
Rio dos Elefantes
Zeekoegat
Klaserie N.R.
Rio Mazimechopes
261
Zebediela
Lebowakgomo
Hoedspruit
Kapama G.R.
Timbavati N.R.
National
310
Satara
Nwanetsi
Mapulanguene
Echo Caves
Blyde River Canyon N.R.
Roedtan
Burgersfort
Maele
Rio Vanetze
N11
Tompi Seleka
Kennedy's Vale
Voortrekker fort
Macaene
Ohrigstad
Pilgrim's Rest
Kowyn's Pass
Tshokwane
Marble Hall
Malaita
Graskop
Marite
Skukuza
Panchane
Magude
Siyabuswa
Groblersdal
Sabie
Sabierivier
Lydenburg
1676
Park
Lower Sabie
Taninga
Winter
Roossenekal
Rooikraal
Steenkampsberge
Sudwala Caves
Withe-Rivier
R. Incomati
Klipskool
Hectorspruit
Sabiè
Chinhanguanine
Manhiça
Damwal
Stoffberg
429
N4
Komatipoort
Maputo
R33
Waterval-Boven
Nelspruit
Kaapmuiden
Lammerkop
Vaalplaas
Belfast
Old Stock Exchange
4
Moamba
Marracuene
123
Middelburg
Machadodorp
Mpumalanga
Lebombo
MAPUTO
Nelshoogte
Hhohho
Wonderfontein
Saddle-back Pass
Barberton
Balmoral
Witbank
Badplaas
Piggs Peak
Tjaneni
801
Namaacha
Matola
Baia do Maputo
N12
Ogies
Vandyksdrif
N11
Komatirivier
Malolotja N.R.
2
Catembe
147
Carolina
Lochiel
Croydon
255
Boane
Hendrina
Chrissiesmeer
N17
Warburton
1828
Ka Dake Stn.
Goba
Porto Henrique
Kriel
R35
1795
Breyten
R33
Mbabane
Goba Fronteira
Leandra
Kinross
Bethal
Ingwempisi
Mantenga Falls
Mpaka Stn.
Bela Vista
Highveld
Hoëveld
Ermelo
Bushman Paintings
Manzini
Maputo
Reserva de Elefantes do Maputo
Sheepmoor
Amsterdam
Loyengo
SWAZILAND
R. Maputo
Zitundo
Standerton
Morgenzon
202
Vaalrivier
1827
Iswepe
Mankayane
Big Bend
Catuane
R23
Betties-dam
Sicunusa
Sithobela
Grootdraaidam
Randberge
Piet Retief
Assegai
750
Ndumo G.R.
Amersfoort
263
2268
Nhlangano
Nsoko
Tembe Elefant Res.
N2
Hluthi
Ubombo
Tongaland
Kosibaai Nat. R.
Perdekop
Sibayameer
Volksrust
Wakkerstroom
Lavumisa
Vrede
Laingsnek
Paulpietersburg
Pongola
2026
Bothasberg
Balelesberge
R33
Itala N.R.
Pongolapoortdam
Mbaswana
Louwsburg
Candover
Memel
R34
Utrecht
Hot Springs
Mkuze
Witkoppies
KwaZulu
Steilrand
Mkuzi G.R.
2379
Newcastle
Warden
Madadeni
Vryheid
The Greater
Chelmsford Dam
Nongoma
Verkykerskop
Dannhauser
Kingsley
St. Luciameer
Hluhluwe
Melanieskop
2286
N11
Blood River Monument
Hluhluwe G.R.
St. Lucia
Harrismith
Glencoe
Dundee
Drakensberg
Hlabisa
Wetland Park
N3
Van Reenen
Elandslaagte
Vant's Drift
Buffelsrivier
Silutshana
R34
Mahlabatini
Umfolozi Game Res.
N2
411
R68
Dingaans Kraal
St. Lucia
Ladysmith
Umfolozi
Mtubatuba
Pomeroy
Melmoth
375
Bergville
Natal
Nkwalini
Empangeni
Colenso
Tugela
Dlolwana
Fort Nongqai
Richardsbaai
Richards Bay
Royal Natal N.P.
Woodstock Dam
Winterton
Weenen
Ferry
Entumeni
Richardsbaai Game Res.
3030
Cathedral Peak
R33
Kranskop
Eshowe
121
Frere
Estcourt
Greytown
306
Giants Castle G.R.
Mooirivier
Rietvlei
Gingindlovu
1
2
3
4
5
6

114

Atlantik

D
E
F
115
Olifantshoek
Danielskuil
Koopmans-fontein
Mount Rupert
Windsorton
Delportshoop
Barkly West
Upington
Grootdrink
Postmasburg
Lime Acres
Asbesberge
Ulco
Vaalbos N.P.
Schmidtsdrif
Big Hole
KIMBERLEY
Keimoes
Neilersdrif
Wegdraai
Langberg
Volop
Campbell
Kleinbegin
Groblershoop
Griekwastad
Griquatown
Douglas
Ritchie
Jacobsdal
Putsonderwater
Kenhardt
Westerberg
Niekerkshoop
Marydale
Draghoender
Diamond Diggings
Belmont
Oranjerivier
Hopetown
Prieska
Cape
Middelveld
Orania
Luckhoff
Diemansputs
Verneuk Pan
Copperton
Strydenburg
Kraankuil
Petrusville
Vanderkloofdam
Zwartkop
Karoo
Sodium
Potfontein
Upper Karoo
Philipstown
Van Wyksvlei
Bushman Drawings
Vosburg
Britstown
De Aar
Rietese Vloer
Kareeberge
Burgerville
Hanover Road
Kareebospoort
Mynfontein
Carnarvon
Pampoenpoort
Hanover
Ongersriv.
Merriman
Sterling
Williston
Winterveld
Richmond
Victoria West
Loxton
Heydon
Hutchinson
Sneeuberg
Lootsberg Pass
Kompasberg
Three Sisters
Nieu Bethesda
Fraserburg
Murraysburg
Graaff-Reinet
Moltenopas
Nelspoort
Karoo N.P.
Nuweveldberge
Munniksport
Adendorp
Beaufort Wes
Beaufort West
Droërivier
Aberdeen
Rooikloof
Kendrew
Groot Karoo
Merweville
Leeu-Gamka
Great Karoo
Aberdeen Road
Komsberge
Kruidfontein
Rietbron
Prince Albert Road
Volstruisleegte
Jansenville
Soutpansnek
Seekoegat
Witteberge
Miller
Klipplaat
Koup
Laingsburg
Prince Albert
Klaarstrom
Groot Swartberge
Gwarriepoort
Willowmore
Steytlerville
Baroe
Wolwefontein
Ladismith
Klein Swartberge
Grootkraal
Cango Caves
Buyspoort
Groot Winterhoek
Zoar
Calitzdorp
Oudtshoorn
De Rust
Nuwekloof
Colekeplaas
Klein Karoo
Little Karoo
Kammanassiebge.
Uniondale
Kougaberge
Haarlem
Patensie
Van Wyksdorp
Outeniekwabge.
Noll
Avontuur
Joubertina
Hankey
Lemoenshoek
Herold
Wilderness N.P.
Robinson Pass
Karredouw
Barrydale
George
Knysna
Clarkson
Jeffreys Bay
Langeberg
Rultersbos
Sedgefield
Stormsrivier
Humansdorp
Heidelberg
Herbertsdale
Heroldsbaai
Knysna National Lake Area
Plettenbergbaai
Tsitsikamma National Park
Riversdal
Mosselbaai
Mossel Bay
Albertinia
Post Office Tree
Cape St. Francis
Witsand
Gouritsmond
St. Sebastian-baai
Groot Jongensfontein
East London

116

Schweizer-Reneke
Wolmaransstad
Leeudoringstad
Viljoenskroon
Heilbron
Frankfort
Amalia
Pudimoe
Markwassie
Bothaville
Koppies
Taung
Bloemhof
Bloemhof-dam
Valsrivier
Allanridge
Kroonstad
Edenville
Tweeling
Petrus Steyn
Reitz
Christiana
Hoopstad
Sandveld Nature Reserve
Wesselsbron
Odendaalsrus
Riebeeckstad
Steynsrus
Lindley
Jan Kempdorp
WELKOM
Hennenman
Arlington
Kransfontein
Tierfontein
Ventersburg
Bethlehem
Warrenton
Hertzogville
Virginia
W. Pretorius Wildtuin
Paul Roux
Windsorton
Windsorton Road
Bultfontein
Theunissen
Allemanskraaldam
Senekal
Kestell
Rooiberge
Clarens
Boshof
Rosendal
Fouriesburg
Witteberge
Libono
Moteng-pas
Brandfort
Marquard
Dealesville
Winburg
KIMBERLEY
Soutpan
Ficksburg
Butha-Buthe
Oxbow
Hlotse
Glen
Excelsior
Clocolan
Maputsoe
Maluti Mts.
Lejone
Modderrivier
BLOEMFONTEIN
De Brug
Tweespruit
Teyateyaneng
Jacobsdal
Petrusburg
Ferreira
Sannaspos
Thaba Nchu
Ladybrand
Tlokoeng
Koffiefontein
Free State
MASERU
Dewetsdorp
Roma
Cheche Pass
Thaba Tseka
Riet riv.
Reddersburg
Hobhouse
Morija
Marakabei
Luckhoff
Jagersfontein
Edenburg
Jammersdrif
Wepener
Welbedacht Dam
LESOTHO
Fauresmith
Mafeteng
Rock Paintings
Central Range
Vanderkloofdam
Vanstadensrus
Makhaleng
Thaba Putsoa
Qabane
Trompsburg
Mohale's Hoek
Petrusville
Smithfield
Zastron
Sinque
Qacha's Nek
Springfontein
Mphaki
Philippolis
Palmietfontein
Sebapala
Moyeni
Matatiele
Donkerpoort
Bethulie
Caledonriv.
Rouxville
Aliwal-Noord
Aliwal North
Sterkspruit
Kinirapoort
Herschel
Mount Fletcher
Gariepdam
Gariepdam Nat. Res.
Lady Grey
Naudesnek
Colesberg
Venterstad
Lahlangubo
Moshesh's Ford
Elands Height
Burgersdorp
Clanville
Barkly East
Maclear
Kraairiv.
Jamestown
Eastern
Noupoort
Rossouw
Barkly Pass
Ugie
Steynsburg
Stormberg
Dordrecht
Sherborne
Schoombee
Molteno
Penhoek Pass
Elliot
Quiba
Tsolo
Bamboesberg
Indwe
Cala
Rosmead
Middelburg
Hofmeyr
Sterkstroom
Lady Frere
Askeaton
Engcobo
Ntibane
Umtata
Conway
Witkransnek
Bailey
Coghlan
Viedgesville
Lootsberg Pass
Visrivier
Queenstown
Ezibeleni
Cofimvaba
Bashee Bridge
Nobokwe
Spitskopvlei
Tarkastad
Tsomo
Mountain Zebra N.P.
St. Marks
Idutywa
Bankberg
Cradock
Sada
Whittlesea
Ngamakwe
Spring Valley
Cape
Naudesberg Pass
Winterberge
Cathcart
Willowvale
Swaershoek
Daggaboersnek
Butterworth
Drennan
Balfour
Seymour
Komga
Mazeppa Bay
Pearston
Stutterheim
Hogsback
Kei Road
Centani
Eastpoort
Bedford
Adelaide
Kei Mouth
Cookhouse
Alice
Dimbaza
BISHO
Maclean-town
Cintsa
Somerset Oos
Somerset-East
Fort Beaufort
King William's Town
MDANTSANE
Beacon Bay
Zwelitsha
Waterford
Middleton
OOS-LONDEN
EAST LONDON
Sheldon
Kidd's Beach
Klipfontein
Peddie
Bell
Zuurberg N. P.
Riebeek-Oos
Wolwefontein
Kirkwood
Grahamstad
Grahamstown
Hamburg
Addo-Olifant N.P.
Paterson
Coerney
Bathurst
Winterhoekbge.
Addo
Salem
UITENHAGE
Colchester
Port Alfred
Canaha
Alexandria
Boesmansriviermond
Patensie
Algoabaai
Cape Padrone
Hankey
Despatch
Swartkops
PORT ELIZABETH
Witteklip
Summerstrand
Cape Recife
Jeffreys Bay
St. Francisbaai
Cape St. Francis
Cape Town

D
E
F
1
2
3
4
5
6
117
Volksrust
Wakkerstroom
Paulpietersburg
Lavumisa
Pongola
Tongaland
Sibayameer
Mbaswana
Cornelia
Vrede
Bothasberg
Laingsnek
Balelesberge
Louwsburg
Itala N. R.
Hot Springs
Memel
Witkoppies
Utrecht
Kwa Zulu
Warden
Newcastle
Madadeni
Vryheid
Steilrand
Mkuze
The Greater
St. Luciameer
St.Lucia
Wetland Park
Chelmsford Dam
Dannhauser
Kingsley
Nongoma
Verkykerskop
Melanieskop
Blood River Monument
Hluhluwe
Harrismith
Glencoe
Dundee
Hlabisa
Van Reenen
Elandslaagte
Vant's Drift
Silutshana
Mahlabatini
Umfolozi Game Res.
St. Lucia
Ladysmith
Dingaans Kraal
Mtubatuba
Pomeroy
Melmoth
Maputo
Bergville
Natal
Empangeni
Colenso
Tugela Ferry
Dlolwana
Nkwalini
Richardsbaai
Richards Bay
Royal Natal N. P.
Woodstock Dam
Winterton
Frere
Weenen
Kranskop
Entumeni
Eshowe
Richardsbaai Game Res.
Cathedral Peak
Estcourt
Greytown
Fort Nongqai
Gingindlovu
Giants Castle G. R.
Rietylei
Fort Mtobeni
Mokhotlong
Mooirivier
New Hanover
Fawnleas
Darnall
Giants Castle
Nottingham Road
Valley of 1000 Hills
Stanger
Thabana Ntlenyana
Lower Loteni
Howick
PIETERMARITZ-BURG
Shakaskraal
Tongaat
Sani P.
Mzimkulwana
Edendale
Camperdown
Verulam
Umhlanga
Madagasikara
Underberg
Bulwer
Mpumalanga
Kwa-Mashu
Richmond
Pinetown
DURBAN
Donnybrook
Umbumbulu
Isipingo
Amanzimtoti
Kingsburg
E. C.
Ixopo
Umzimkulu
Umzinto
Umkomaas
Swartberg
Cedarville
Franklin
Highflats
Park Rynie
Kokstad
Sezela
Hibberdene
Harding
Brooks Nek
Sea Park
Bizana
Port Shepstone
Mount Ayliff
Magusheni
Ramsgate
Flagstaff
Port Edward
Mkambati N. R.
Umtentu
Lusikisiki
Port Grosvenor
Port St. Johns
Notintsila
Coffee Bay
INDIAN
OCEAN
100 km

Empire Rd.-M71
Empire Road
Jan Smuts Avenue
Parktown Boys High School
Hazeldene Hall
Roseneath Primary School
Sam Hancock
Children Hospital
Rand Girls School
Univ. West Campus
University of the Witwatersrand East Campus
Planetarium
Rock Engravings
Johannesburg High School (Art, Ballet, Drama, Music)
Fever Hospital
Queen Victoria Hospital
The Fort
Jan Smuts House
Joubert Street Extension
Hoofd Street
Kotze
Adler Museum
The Amic Deck
Diaz Cross
Yale Road
Ameshoff
De Melle
Biccard Street
Simmonds Street
Loveday Street
Civic Centre
BRAAM
Steimens
Dental Teaching Hospital
Jorissen Street
De Korte Street
Bertha
Reserve St.
Miner's Monument
Juta St.
Hotel School
De Korte
Argyle Clinic
Crematorium Braamfontein
Braamfontein Cemetery
Eendracht
Henri
Station
Juta
Smit Street
Viljoen St.
Queen Street
Wolmarans
Rissik
Harrison
Leyds
Airways Terminal
Smit St.-M10
Elizabeth
Joubert Street
Central Station
Noord St.
Villiers
Technical College
BURGERS-DORP
Carr Street
Goch
Wolhuter
Transnet Railway Museum
Museum Africa
Pim
Market Theatre
Becker
De
Plein
Fraser
Sauer
Drive
Bree Street
Jeppe Street
Kerk Street
Malherbe St.
Quinn
Jenny St.
Gunn St.
Vorster St.
Minnaar St.
Epler
Park Road
Avenue
Lane
NEWTOWN
Johannesburg Stock Exchange
West
Diagonal
Kort
Pritchard
President Street
Afrikana Geological Museum
City Hall
Market Street
F.N.B. Museum
MARSH
Haenggi Art Mus.
Bus Depot
Main
S.A.P. Sports Grounds
Commissioner
FERREIRASTOWN
Magistrates Court
Bezuidenhout
Maclaren
Holland St.
Fox
Main Street
Ferreira
Alexander St.
Harris St.
Hubert St.
Marshall Street
Anderson Street
Main Reef Rd.
Nursery Road
Pine Road
Frederick
Albert
Simmonds Street Extension
Kay St.
Thorpe St.
Godfrey St.
CITY WEST
Boulevard
Village Rd.-Selby-M9
Westgate
Hall Street
Lance St.
Mallory St.
Ussher
Darcy St.
Village
Street Ext.
Sandton/Pretoria
Martin St.
Booysens Rd.
Trump
Simmonds St.
Stott St.
MOTORTOWN
SELBY
Webber
Ignatius
R 24
R 41

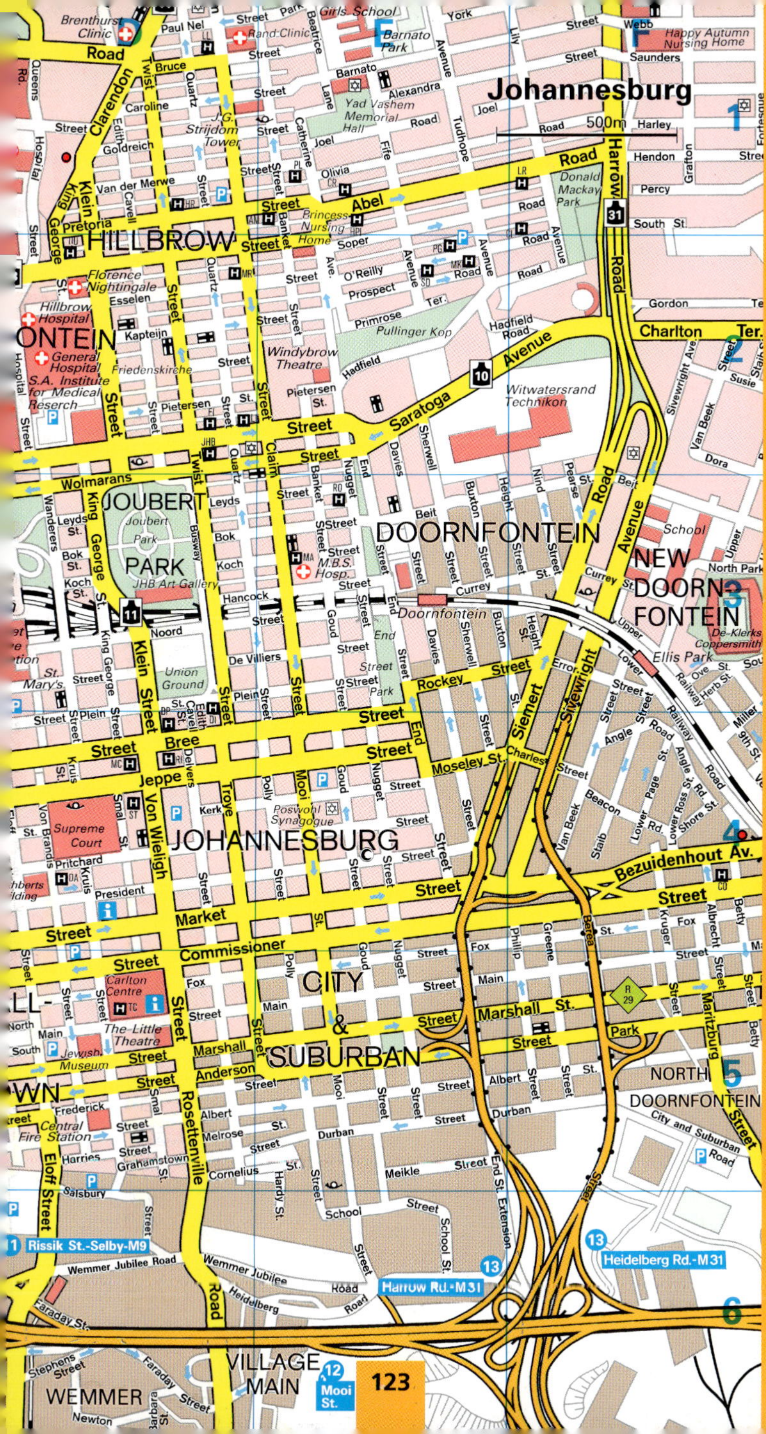
Johannesburg
500m
HILLBROW
JOUBERT PARK
Joubert Park
JHB Art Gallery
DOORNFONTEIN
NEW DOORNFONTEIN
JOHANNESBURG
CITY & SUBURBAN
NORTH DOORNFONTEIN
VILLAGE MAIN
WEMMER
Brenthurst Clinic
Rand Clinic
Girls School
Barnato Park
Happy Autumn Nursing Home
Yad Vashem Memorial Hall
J.G. Strijdom Tower
Donald Mackay Park
Princess Nursing Home
Pullinger Kop
Florence Nightingale
Hillbrow Hospital
General Hospital
S.A. Institute for Medical Reserch
Friedenskirche
Windybrow Theatre
Witwatersrand Technikon
School
De-Klerks Coppersmith
Ellis Park
M.B.S. Hosp.
Union Ground
St. Mary's
Supreme Court
Poswohl Synagogue
Carlton Centre
The Little Theatre
Jewish Museum
Central Fire Station
Doornfontein
Clarendon
Twist
Quartz
Abel Road
Pretoria Street
Kotze Street
Saratoga Avenue
Wolmarans
Hancock
Noord
De Villiers
Plein
Bree
Jeppe Street
Von Wielligh
Market Street
Commissioner
Marshall St.
Anderson
Albert
Durban
Rissik St.-Selby-M9
Wemmer Jubilee Road
Harrow Rd.-M31
Heidelberg Rd.-M31
Bezuidenhout Av.
Siemert
Sivewright
Charlton Ter.
Rockey Street
Moseley St.
Rosettenville
Eloff Street
Mooi St.
Harrow Road
Beit
End
Nugget
Claim
Banket
Klein Street
King George St.

anzeige

total relaxed in den urlaub: übung für fortgeschrittene

1. schliessen sie die augen und denken sie intensiv an das wunderbare wort „ferienmietwagen zum alles inklusive preise“. stellen sie sich viele extras vor, die bei holiday autos alle im preis inbegriffen sind:

   - unbegrenzte kilometer
   - haftpflichtversicherung mit min. 1,5 mio €uro deckungssumme (usa: 1,1 mio €uro)
   - vollkaskoversicherung ohne selbstbeteiligung
   - kfz-diebstahlversicherung ohne selbstbeteiligung
   - alle lokalen steuern
   - flughafenbereitstellung
   - flughafengebühren

2. atmen sie tief ein und lassen sie vor ihrem inneren auge die zahlreichen auszeichnungen vorbeiziehen, die holiday autos in den letzten jahren erhalten hat.

   sie buchen ja nicht irgendwo.

3. nehmen sie ganz ruhig den hörer, wählen sie die telefonnummer **0180 5 17 91 91** **(12cent/min)**, surfen sie zu **www.holidayautos.com** oder fragen sie in ihrem reisebüro nach den topangeboten von holiday autos!

MARCO POLO

Für Ihre nächste Reise gibt es folgende Titel:

Deutschland

Allgäu
Amrum/Föhr
Bayerischer Wald
Berlin
Bodensee
Chiemgau/Berchtesgaden
Dresden/Sächsische Schweiz
Düsseldorf
Eifel
Erzgebirge/Vogtland
Franken
Frankfurt
Hamburg
Harz
Heidelberg
Köln
Lausitz/Spreewald/Zittauer Gebirge
Leipzig
Lüneburger Heide/Wendland
Mark Brandenburg
Mecklenburgische Seenplatte
Mosel
München
Nordseeküste Schleswig-Holstein
Oberbayern
Ostfriesische Inseln
Ostfriesland Nordseeküste Niedersachsen
Ostseeküste Mecklenburg-Vorpommern
Ostseeküste Schleswig-Holstein
Pfalz
Potsdam
Rügen
Ruhrgebiet
Schwarzwald
Stuttgart
Sylt
Thüringen
Usedom
Weimar

Österreich Schweiz

Berner Oberland/Bern
Kärnten
Österreich
Salzburger Land
Schweiz
Tessin
Tirol
Wien
Zürich

Frankreich

Bretagne
Burgund
Côte d'Azur
Disneyland Paris
Elsass
Frankreich
Französische Atlantikküste
Korsika
Languedoc/Roussillon
Loire-Tal
Normandie
Paris
Provence

Italien Malta

Apulien
Capri
Dolomiten
Elba/Toskanischer Archipel
Emilia-Romagna
Florenz
Gardasee
Golf von Neapel
Ischia
Italien
Italienische Adria
Italien Nord
Italien Süd
Kalabrien
Ligurien
Mailand/Lombardei
Malta
Oberitalienische Seen
Piemont/Turin
Rom
Sardinien
Sizilien
Südtirol
Toskana
Umbrien
Venedig
Venetien/Friaul

Spanien Portugal

Algarve
Andalusien
Barcelona
Costa Blanca
Costa Brava
Costa del Sol/Granada
Fuerteventura
Gran Canaria
Ibiza/Formentera
La Gomera/El Hierro
Lanzarote
La Palma
Lissabon
Madeira
Madrid
Mallorca
Menorca
Portugal
Spanien
Teneriffa

Nordeuropa

Bornholm
Dänemark
Finnland
Island
Kopenhagen
Norwegen
Schweden
Südschweden/Stockholm

Westeuropa Benelux

Amsterdam
Brüssel
England
Flandern
Irland
Kanalinseln
London
Luxemburg
Niederlande
Niederländische Küste
Schottland
Südengland

Osteuropa

Baltikum
Budapest
Kaliningrader Gebiet
Masurische Seen
Moskau
Plattensee
Polen
Prag
Riesengebirge
Rumänien
Russland
Slowakei
St. Petersburg
Tschechien
Ungarn

Südosteuropa

Bulgarien
Kroatische Küste/Dalmatien
Kroatische Küste/Istrien/Kvarner
Slowenien

Griechenland Türkei

Athen
Chalkidiki
Griechenland Festland
Griechische Inseln/Ägäis
Istanbul
Korfu
Kos
Kreta
Peloponnes
Rhodos
Samos
Santorin
Türkei
Türkische Südküste
Türkische Westküste
Zakinthos
Zypern

Nordamerika

Chicago und die Großen Seen
Florida
Hawaii
Kalifornien
Kanada
Kanada Ost
Kanada West
Los Angeles
New York
San Francisco
USA
USA Neuengland/Long Island
USA Ost
USA Südstaaten
USA Südwest
USA West
Washington D.C.

Mittel- und Südamerika Antarktis

Antarktis
Argentinien
Brasilien
Chile
Costa Rica
Dominikanische Republik
Jamaika
Karibik/Große Antillen
Karibik/Kleine Antillen
Kuba
Mexiko
Peru/Bolivien
Venezuela
Yucatán

Afrika Vorderer Orient

Ägypten
Djerba/Südtunesien
Dubai/Emirate/Oman
Israel
Jemen
Jerusalem
Jordanien
Kenia
Marokko
Namibia
Südafrika
Syrien
Tunesien

Asien

Bali/Lombok
Bangkok
China
Hongkong/Macau
Indien
Japan
Ko Samui/Ko Phangan
Malaysia
Nepal
Peking
Phuket
Rajasthan
Singapur
Sri Lanka
Thailand
Tokio
Vietnam

Indischer Ozean Pazifik

Australien
Hawaii
Malediven
Mauritius
Neuseeland
Seychellen
Südsee

Englische Ausgaben

Berlin
Hamburg
Munich

Sprachführer

Arabisch
Englisch
Französisch
Griechisch
Italienisch
Kroatisch
Niederländisch
Norwegisch
Polnisch
Portugiesisch
Russisch
Schwedisch
Spanisch
Tschechisch
Türkisch
Ungarisch

In diesem Register sind alle in diesem Führer erwähnten Orte und Ausflugsziele verzeichnet, außerdem etliche zusätzliche Stichworte. Halbfette Seitenzahlen verweisen auf den Haupteintrag, kursive auf ein Foto.

Schreiben Sie uns!

Liebe Leserin, lieber Leser,

wir setzen alles daran, Ihnen möglichst aktuelle Informationen mit auf die Reise zu geben. Dennoch schleichen sich manchmal Fehler ein – trotz gründlicher Recherche unserer Autoren/innen. Sie haben sicherlich Verständnis, dass der Verlag dafür keine Haftung übernehmen kann. Wir freuen uns aber, wenn Sie uns schreiben.

Senden Sie Ihre Post an die MARCO POLO Redaktion, Mairs Geographischer Verlag, Postfach 31 51, 73751 Ostfildern, marcopolo@mairs.de

Impressum

Titelbild: Löwen im Wildpark (Zefa: Landing)
J. Frangenberg (U. M., 4, 45, 48, 92); W. Gartung (5 r., 60, 70, 89); HB Verlag (2 u., 14, 17, 22, 32, 43, 81, 82); R. Hicker (46); Huber: Orient (57); A. Kreß-Zorn (12, 20); Lade: Welsh (44, 59); laif: Emmler (U. l., 2 o., 5 l., 6, 9, 11, 26, 27, 28, 30, 38, 39, 41, 50, 52, 55, 61, 66, 68, 76, 84, 86, 90, 99, 100), Huber (U. r., 95); look: Frei (18), Martin (1); Mauritius: Reisel (24); M. Mauthe (7, 73, 74); H. Mielke (29, 36, 67, 75, 96); Schuster: Gössler (64); Zefa: Landing (111)

8., aktualisierte Auflage 2004 © Mairs Geographischer Verlag, Ostfildern
Herausgeber: Ferdinand Ranft, Chefredakteurin: Marion Zorn
Bildredaktion: Gabriele Forst
Kartografie Reiseatlas: © Mairs Geographischer Verlag/RV Verlag, Ostfildern
Gestaltung: red.sign, Stuttgart
Sprachführer: in Zusammenarbeit mit Ernst Klett Verlag GmbH, Stuttgart, PONS Wörterbücher

Printed in Germany. Gedruckt auf 100% chlorfrei gebleichtem Papier

Bloß nicht!

**Woran Sie denken
und was Sie vermeiden sollten**

Auf Autobahnen rasen

Für deutsche Besucher ist es unvorstellbar, dass Autobahnen von Fußgängern und Hunden überquert werden. Doch stellen Sie sich darauf ein. Achten Sie vor allen Dingen auf Pferde, Kühe und Schafe, die häufig auf dem Grünstreifen an der Autobahn grasen.

Bettlern vom Auto aus etwas geben

An vielen Ampeln in den Städten stehen Bettler. Es kann riskant sein, das Fenster zu öffnen, um ihnen Geld zu geben. Häufig wird bei solchen Gelegenheiten rabiat zugegriffen, und Taschen sowie Schmuck gelangen blitzschnell in die bittenden Hände.

Tiere füttern

Das Füttern von Tieren ist in allen Wildparks verboten. Aber auch die Paviane, die oftmals in der Nähe von Straßen und Rastplätzen leben, sollten und dürfen nicht gefüttert werden. Sie haben ihre Scheu völlig verloren, und wenn ein Auto hält, klettern sie durchaus aufs Dach. Wenn sich eine Tür öffnet, sitzen sie auch schon im Wagen und suchen nach Essbarem. Mit Vorliebe stehlen sie alles, was nicht niet- und nagelfest ist. Schon manche Handtasche mit allen Papieren verschwand dadurch auf Nimmerwiedersehen.

Drängeln

Nach guter englischer Sitte steht man Schlange in Südafrika. Ganz gleich, wo oder worauf die Menschen warten, ob an der Kinokasse, der Bushaltestelle oder bei der Bank, es ist absolut unüblich, sich vorzudrängeln.

Tramper mitnehmen

Wegen des ungeregelten öffentlichen Personenverkehrs gibt es viele Leute, die als Anhalter am Straßenrand stehen. Die Südafrikaner sind sehr hilfsbereit, und niemand muss lange warten, bis ein Auto hält. Aber Touristen sollten vorsichtig sein. Sie können nur schwer beurteilen, ob und in welcher Gegend es sicher ist, diesen oder jenen Fahrgast mitzunehmen.

Auf den Zebrastreifen vertrauen

So diszipliniert die Südafrikaner sind, wenn es darum geht, in der Schlange zu stehen, so undiszipliniert verhalten sie sich im Straßenverkehr. Sie sollten also, besonders in Kapstadt, auf keinen Fall davon ausgehen, dass Autofahrer halten, nur weil Sie die Straße auf dem Zebrastreifen überqueren wollen. Als Autofahrer sollten Sie nicht glauben, dass Fußgänger an einer roten Ampel warten. Das zumindest tun die Autofahrer.